仏教入門

南 直哉

講談社現代新書
2532

目次

はじめに

　普通「仏教入門」と言えば、広汎にして複雑な仏教の思想・実践の体系、そしてその変遷の歴史などを、要領よく整理して大方の便宜に供する、という書物になるだろう。

　ということを十分承知の上で、今私が提出しようとしているのは、著しく個人的見解に着色され、偏向極まりない視点から書かれた入門書である。これでは、あまりに看板に偽りあり、ということになりかねないので、「入門」するにしても裏門ならぬ「南口《みなみぐち》」から、ということでご了解願いたい。

　私はこれまで、仏教の思想や実践について、何冊かの本で自らの解釈を述べてきてはいるが、それを全体的にまとめて読める書物は出していない。そこで、ここらあたりで、自分の仏教に対する考え方を見渡せるものを作っておきたいと思った、というのが本書上梓《じょうし》の正直な理由である。

　しかし、これは要するに自己都合である。そこで、あえて読者の益になりそうなことを述べさせてもらえば、仏教を「平たく」解説する本などは、ずっとふさわしい書き手が大勢いるはずで、私に書かせても役にも立たないし、読んで面白くもないだろう。

さらに言うと、およそ「平たい」記述など、私に言わせれば幻想に過ぎない。すべては所詮《しょせん》書き手の見解である。

ならば、本書ではその「見解」の部分を極端に拡大して、読者の興味をいくばくか刺激し、仏教をより多角的に考える材料を世に提供できたなら、そのほうが私の仕事としてふさわしいのではないか。こう愚考した次第である。

この狭い入り口を開くにあたり、あらかじめ読者のご海容を請う。

序章　入り口はどこか

そもそもの話、「宗教」とは何で、「信じる」とはどういうことなのか。ここから始めよう。

「宗教」とは何か

「宗教とは何か」という問いはまともに考えてもダメである。すでに多種多様に展開しているある事象を「宗教」という概念でまとめようとしても、論者の管見で大方を取りこぼすだけだ。

ならば、視点を変えて、およそ人間は「宗教」に対して何を欲望するのかを考えてみよう。

まず思い浮かぶのは、自分にも他人にも解決のしようもないレベルの困難や苦境から、救済されることである。「宗教」はそういう絶大な救済力を持つ存在を提供する。

あるいは、現時点でさほどの困難や苦境にはない者に、さらなる幸福や利益を与えることである。そこには無限の能力を有する存在が想定される。

このような機能は、一般に「現世利益《げんぜりやく》」と呼ばれ、それを可能にする絶大にして無限の能力を持つ者は、たとえば「神」と称される。

この「現世利益」にかかわる能力は、その後「科学技術」の劇的な進歩に代替されて大きく出番を失うが、それでも「科学技術」によって解決されがたい余白があるかぎり、欲望と需要は尽きない。

もう一つ、「宗教」には「現世利益」とは別の需要がある。それは、自分と世界が何故《なにゆえ》に存在するのか、何のために存在するのか、という問いに答えることである。

人間は、どういうわけか自分が過去に生まれ、将来死ぬことについて、それは「事実である」「事実になる」と確信を持つ（実際は他者の生死を自己の意識にコピーすることで「持たされる」）。ところが、それがどういうことなのか、またなぜそうなるのか、理由や原因はまったくわからない。

これは能力不足ではなく、原理的にわからないのだ。生まれる前にそれを知りたい自分はいないし、死ぬときは知りたい本人がいなくなる。「生まれること」も「死ぬこと」

も、それを経験する当人は不在なのに、「原因」がわかるはずもない。

このとき、「生まれてきた」ことはもはや取り返しがつかない、選択の余地のない出来事で、正確には「生まれてきてしまった」というべき事態である。すると、そこには放り出された「場所」があるわけで、その場所（世界）の在り方は、自分の在り方を否応なく直接規定するだろう。となれば、場所の存在も問題にならざるをえない。

実際、この二つ（「場所（世界）」と「自分」）がある時期に突然、当事者にはまったく訳のわからない変容（死）を被るはずだとなれば、その正体を何とかして知りたくなるのは当然である。つまり、人間には自己と世界の「存在根拠」や「存在理由」を知ることへの圧倒的な欲望があるのだ。

しかもこの欲望は、睡眠欲・食欲・性欲のような、他の生き物に共通する本能的な欲求を時としてはるかに凌駕《りょうが》する、意識と言語を持つ「人間」という実存固有の、強烈な欲求なのである。

古今東西、人間の社会や文化があるところ、必ず霊魂や死後の世界の話が用意されているところをみれば、欲望の桁外れの強度は一目瞭然だろう。つまり、「宗教」には「現世利益」の他に、自己と世界の「存在根拠」や「存在理由」を明らかにする役回りが求められるのだ。

無論、この問題領域にも昨今、勇敢にも「科学」が大規模に進出してきている。とはいえ、それが経験可能な現象や、疑似経験的な「実験」による証明を根拠として成り立つ以上、生と死の「根拠」「理由」には、指一本、触れられないだろう。したがって、今後も神を信ずる「敬虔《けいけん》な科学者」はいくらでも輩出されるわけである。

かくして今、私が仏教において問題にしているのは、「現世利益」ではなく、「存在根拠」のほうである。すなわち、自らの存在を問うこと、すなわちその根拠への不安、そこなのだ。

「信じる」とはどういうことか

では、「信じる」はどうか。次にこの行為を検討しよう。

「信じる」という行為は、普通はその意味を問われない。問われたらその時点で、信じる行為は無効化してしまう。「信じるとは何か」と考えながら「信じる」ことは不可能である。

しかし、私は考える。それが私の仏教に対する基本的態度を明らかにすることだからだ。

そもそも、まるで疑いを持たない人は、信じることはできない。「疑い」が無いなら、彼は「理解」したり「了解」したりするだけである。

しかしながら、この「理解」や「了解」も、実は根本において、そう「信じ」ているのだ。このとき、「疑う」ことは忘れられているのである。

「ここにコップがある」「1＋1＝2である」ということを、人は普通「わかっている」とは言うだろうが、「信じている」とは言わない。

ところが、この「コップがある」の、「ある」とはどういうことか、一度考え出したら、ことはそう簡単に「理解」できなくなる。

「1＋1＝2」にしても、別々の「1」をまとめて一つに見る意識作用が無ければ、「2」にはならない。人はどうして、別なものを一緒のものとして見ることができるのか。「＋」とは何か。なぜそれが、ただの「1と1」ではなく、「2」になるのか。考え出したらキリがない。

こういう「無駄な」考えや疑いを通常は意識化しないから、人は物事を「当然のこと」として「理解」できる。つまり、「理解する」とは、「疑う」ことを忘れたまま「信じている」ことなのである。

これに対して、「確信する」と言われる態度がある。「確信する」人間は、「疑い」があることを明瞭に知っている。それを知った上で、「疑う」人と、さらに疑っても信じてもいない「第三者」に対して、彼なりに説明可能な「根拠」を示して、その「疑い」を否定しようとする。これは通常「知的」「学問的」と呼ばれる態度だろう。

では、普通に「信じている」とは、どういう態度か。それは、「根拠」を説明しないまま、あるいは説明できないまま、「疑い」を排除・無視する態度（つまり「疑わない」こと）である。

この行為はかなり心理的に大きな負担となるだろうから、しばしば極端に振れて、「無分別」で「耳を貸さない」状態に陥る。

さらに、もう一つの「信じる」態度がある。これは「疑い」を当然の前提として「信じる」。つまり、否定も排除もせず、「疑い」を受容して「信じる」。これはもう「信じる」とは言わない。通常は、「賭ける」と言う。

「宗教を信じる」と言うとき、その意味は通常、上記の「確信している」か「普通に信じている」のどちらかであろう。

では、「宗教に賭ける」と言ったら、それはどういう意味か。それは可能なのか。

おそらく「賭け」た瞬間、「信じること」と「疑うこと」は消滅してしまう。「賭けた」者はもう「信じて」も「疑って」もいない。それまで自分が「信じてきた」「疑ってきた」教えに、いわば「身を委ねる」だけだ。その善悪は問えず、吉凶を知ることもない。そしてどんな希望も期待も無意味になるだろう（いくら希望しようと、サイコロの目がどう出るかは、それと関係ない）。

「信じる」行為そのものを「疑う」ような人間が、宗教にコミットしようというなら、この「賭け」以外に方法がないのではないか、私はそう思う。そして私は仏教に「賭け」、いまも「賭け」続けている。

ゴータマ・ブッダへの共感

というわけで、私の場合、自らの存在根拠への不安をテーマに、それにアプローチする方法として仏教に賭けた、というのが一貫したスタンスであり、本論考の「南口」である。

方法として、他でもない仏教を選んだのは、教主ゴータマ・ブッダへの共感ゆえである。彼は私と同じように、「自分が存在することの不安」をテーマに生き方を転換したのだ。

ブッダの言葉とされる初期経典に言う。

比丘《びく》たちよ。わたしはこのように豊かで、このように究極的に優雅であったが、考えた。教えを聞いていない凡夫《ぼんぷ》は自ら老いるものであり、老いを超越していないにもかかわらず、老いた他人を見て、自らを差し置いて、困惑し、恥ずべきことだと思い、嫌う。わたしもまた老いるものであり、老いを超越していない。しかしわたしは老いるものであり、老いを超越していないにもかかわらず、老いた他人を見て、困惑し、恥ずべきことだと思い、嫌ってよいのか。これはわたしにはふさわしくない、と、比丘たちよ、わたしがこのように深く思慮しているとき、若者にある若さの驕《おご》りはすべて捨断された。（『原始仏典Ⅲ』「増支部経典第二巻」六〇頁　春秋社）

さらに、「病い」と「死」についても同じ語りが続く。

ここに言う「老・病・死」は、人間の存在不安の現象的典型と言えよう。ただし、この引用文は単純に「老・病・死」は嫌だ、苦しいというがごとき「感想」を述べているのではない。

述べられているのは、「(それらを嫌うのは)わたしにはふさわしいことではない」という「認識」であり、その「嫌う」原因が「驕り」だという「反省」である。

問題は「嫌う」し「驕る」、人間の実存の在り様なのだ。なぜ、人は「老・病・死」を嫌うのか、いや、嫌えるのか。なぜ「若さ・健康・生存」を驕れるのか。この問いから、仏教は始まったのだと私は考えるし、それが私の根源的な問いでもあったのだ(この反省は「無常」と「無我」の教説に直接つながると、私は考える)。

しかもブッダは生き方の転換を、何らかの見込みがあって行ったのではない。とにかく切羽詰まって夜中に家を飛び出したのだ。

この時点で彼は問題解決の手法についてまるで無知であり、先の読めない決断という意味で博打《ばくち》も同然の所業である。少なくとも、「神の啓示」のごとき、頼もしい手掛かりなどまるで無かった。

私が仏教を語るときに、「絶対の真理」だの「超越的理念」だのを設定する語り口を排除するのは、仏教は「真理」からではなく、「問い」から始まったからである。

では、以上のような観点を入り口に、仏教を見渡してみよう。

第一部　思想篇

第一章　ゴータマ・ブッダ

まず、ブッダ、仏、如来《にょらい》と言うとき、それは誰か。

様々なブッダ

過去のことは疑おうと思えばいくらでも疑える。パーリ語で書かれた初期経典に出て来るゴータマ・ブッダは、歴史的人物として実在したとされているが、もともと「ブッダ」は「覚者」とか「悟った人」という一般名詞である。つまり、ゴータマ・ブッダ（出家前のゴータマ・シッダッタ）の他にも「ブッダ」はいたのであり、だとすれば、「ゴータマ・ブッダ」の存在は、複数のブッダの言説を集め、歴史的に実在した人物をモデルに、後世の人々が「創作」したのではないかと考える人が出て来ても不思議ではない。

さらに大乗仏教の時代になると、理念化したゴータマ・ブッダである釈迦《しゃか》如来《にょらい》（『法華《ほけ》経《きょう》』）、宇宙の根源的な存在として説かれる毘《び》盧《る》遮那《しゃな》如来《にょらい》（『華厳経《けごんきょう》』）、極楽浄土の主宰者・

阿弥陀如来《あみだにょらい》（『無量寿経《むりょうじゅきょう》』）などが現れる。

これらのブッダたちを勘案の上、本書で私がブッダとして考えるのは、初期経典で教えを説くブッダである。

このブッダは実在しただろうと私は考えるが、それ自体はどうでもよい。ということはつまり、経典のゴータマ・ブッダが、そのまま歴史的に実在したゴータマ・ブッダとイコールかどうかは別だということである。

そう断りを入れてから、私は初期経典中のブッダだけを仏教の教主と認定して、今後の議論を行う。大乗経典など、それ以外の経典に出て来るブッダには、思想的関心はあるにしろ、私が仏教を考える上での主題にはならない。

では、そのゴータマ・ブッダの生涯で、特に重要だと私が考えるエピソードを、次に紹介しておこう。

ブッダの生涯

ゴータマ・ブッダの生涯については、初期経典に言及する文章が散在する。また、後代には伝記的経典も作成された。

その中から古来、特に重要な出来事を四つ選んで「四大事《しだいじ》」と言う。その四つとは、誕生、成道《じょうどう》（悟りを開く）、初転法輪《しょてんぽうりん》（最初の説法）、涅槃《ねはん》（入滅、逝去）である。四つを誰が「大事」と決めたのかわからないが、私にはこの選択に不満がある。

たとえば、どうして「出家《しゅつけ》」が入ってないのか不思議だ。我々にしてみれば、出家して修行し、悟ったゴータマ・シッダッタに意味があるのであって、ただのシッダッタの誕生などは、どうでもよいことである。

それに「初転法輪」を言うなら、それを可能にした「梵天勧請《ぼんてんかんじょう》（梵天による説法の要請）」も重要だろう。

そこで、これらの仏伝のエピソードについて、日ごろ私がつらつら考えていることを書いてみる。

○誕生

これについては、要するに、彼は大変結構な生まれと育ちで、十分な教育を受けていたということが重要なのだ。極端な貧困や差別などの社会苦や、様々な病気や複雑な人間関係に苦しむような青少年期を過ごしたわけではない。ということはつまり、世間で宗教に

「はまる」三大原因と言われる貧（貧困あるいは金銭問題）・病（自分や家族の病苦や介護）・婚（結婚・恋愛をはじめとする人間関係）とは関係がないということだ。

○出家

彼の出家は、人間が生きていることの根本条件である、老い・病い・死がテーマであったということ。しかも、それらを感情的に嫌悪して、たとえば「不老不死」を目指していたわけではなく、三つを嫌がる人間の考え方や態度を問題視していたことが、実にユニークな点である。

○修行

悟る前のシッダッタの修行で重要なのは、次の三つだと思う。

第一に、二人の先輩修行者から教えられた瞑想法をたちまちマスターした上で、捨てたこと。

第二に、苦行を放棄したこと。

第三に、最終的に修行法として採用したのが、禅定《ぜんじょう》あるいは瞑想と言われる身体技法であること。

○成道

まさにその瞬間、何が起きたのか、何を悟ったのか、経典には本人の言及がまるで出て来ない。出て来るのは、悟った後に、悟ったこととして語られた教説だけである。けだし、「悟り体験」みたいなものがあったとしても、往々にして天変地異の如く喧伝《けんでん》されるような大げさなことではなかったであろうし、体験自体としては無意味だろう。要するに、その体験は「悟り」として語られるコンテクストの中に位置づけられなければならず、そのコンテクストにおいて意味を持つ他ない。

○梵天勧請

ここで大事なのは、梵天がシッダッタに説法を要請したことではない。梵天はバラモン教・ヒンドゥー教の主神ブラフマンのことだから、仏伝作者がこれを持ち出すのは、古代インドの伝統思想に対する、新興勢力たる仏教の優越性の主張として当然である。

問題はそこではなく、要請でもされない限り、シッダッタ青年本人に自分の「悟り」を他人に教える気がまったく無かったということだ。とすると、彼は自分が「悟った」ことを普遍的で絶対的な「真理」、すなわち誰もが知るべき・知らなければならない「教義」などと考えていなかったわけである。それはすなわち、彼はこの時点で、出家の動機となった自分の切実な問題にそれなりの見解を得たので、もうそれで十分だったということだ。

しかしながら、梵天勧請の最も重要な意味はさらに別にある。

シッダッタが何を悟ろうと、それを誰かに話してみて、相手が納得しない限り、ただの個人的妄想と区別できない。これが単なる「自己満足」的錯覚ではない、「真正な悟り」であることの立証は、話を十分に理解し納得する他者がいるかどうかの一点にかかる。梵天の説得は、この事情を象徴的に物語っているのである。

○初転法輪

シッダッタがゴータマ・ブッダとなり、彼の考えが「仏教」になったのは悟りを開いたときではなく、まさに最初の説法のとき、その話を昔の修行仲間の一人が理解したときである。他の誰にも理解も共有もされないアイデアは、アイデアでさえない。

さらに私が面白いと思うのは、ブッダの修行仲間は、話を聞いただけで「悟った」と経典にあることである。修行仲間が当時どんな修行をしていたかは定かにわからないが、まさか後代の仏典で説く通りの修行をしていたわけではあるまい。とすると、ブッダはそれでも悟れるような、聞いてすぐわかる話を最初の説法でしていたということになる。

○涅槃

涅槃は仏教の最終的な到達点であるが、それは当事者でない第三者からみれば、死ぬことである。ということは、仏教の最終目標は、あえて言えば、特定の死に方で死ぬことである。そして、修行とは死の受容の仕方を稽古することなのだ。

教義上は、生きている間の涅槃（有余涅槃《うよねはん》）と肉体消滅（死）としての涅槃（無余涅槃《むよねはん》）とに分けるが、有余涅槃は悟りや解脱《げだつ》と区別がつかない。したがって、涅槃として問題なのは無余涅槃（死）だけである。

ところで、ブッダは涅槃に入る直前、第四禅という禅定段階にいて、そこから涅槃に入ったと経典にある。すると、後に教義として体系化された禅定段階において、さらに上位にある禅定はみな、仏教究極の目的と直接関係ないわけだ。

第四禅とは、簡単に言うと、あらゆる感受を停止し、意識を安定的に保ち、苦も楽もない心身状態に入ることである。なるほど、これなら精進によっては自分たちにも到達可能だと、修行者に思わせるところもあっただろう。

これらのエピソードを踏まえ、仏教の基本的でユニークなアイデアを、以下に検討していく。

第二章　苦、無常、無我

仏教の自己と世界についての最も基本的な認識は、たとえば次のように述べられる。

「一切の形成されたものは無常である」(諸行無常)と明らかな知慧《ちえ》をもって観るときに、ひとは苦しみから遠ざかり離れる。これこそ人が清らかになる道である。

「一切の形成されたものは苦しみである」(一切皆苦)と明らかな知慧をもって観るときに、ひとは苦しみから遠ざかり離れる。これこそ人が清らかになる道である。

「一切の事物は我ならざるものである」（諸法非我）と明らかな知慧をもって観るときに、ひとは苦しみから遠ざかり離れる。これこそ人が清らかになる道である。（『ブッダの真理のことば・感興のことば』四九頁　岩波文庫）

手始めに、この認識の意味するところを、先述したゴータマ・ブッダの青年期の回想と絡めて、考えてみる。

なぜ忌避するのか

ゴータマ・ブッダは「老・病・死」を嫌い、その嫌悪が「若さ・健康・生存」を驕る態度に由来することを問題視した。決して、それらを嫌悪して、たとえば「不老不死」を目指して出家したわけではない。要は、人間の存在の仕方、その認識の在り様を問うたのである。

このとき、そのような嫌悪と驕りが可能なのは、人間が「若さ・健康・生存」から「老・病・死」への変化を認識できるからだ。その場合、変化が認識できるのは、変化しない何ものかについてである。

若い自分が老いるから、嫌悪するのであり、老いる自分に対して若い自分が驕るのでなければ話にならない。若い自分と老いた自分が別人なら、若者と老人が時間差で存在するに過ぎない。

つまり、「老・病・死」を嫌悪するためには、若くて健康で生きているときから一貫して変わらない「自分」が設定されなければならない。すなわち、常に同一で、他の条件に影響されずに、それ自体で存在する何ものかを設定しない限り、変化の認識は不可能である。

我々は変わらない「自分」を想定しているから、「老・病・死」を嫌悪できる。ということは、そういう「自分」を持たないなら、嫌悪することなどないはずである。たとえば、ネズミはたぶん、「自分」を持たず、「老いる」ことも「病む」ことも認識できないだろう。つまり、ネズミは老いないし、病まない。ただ、次第に四肢が動かしにくくなり、体調の不良を感じるようになるだろう。しかし、ネズミはそれをその場その場の感覚的な「不快」として感じることはできても、「老い」「病い」として認識できない。

常に同一でそれ自体で存在するもの

「老・病・死」を嫌悪できるのは、そのような変化を認識可能にする不変の何かが必要である。我々は「私」という言葉を使って、実はその不変の何かを表している。では、本当にそんなものはあるのか？

まず、「私」という言葉は「私」と発語する以外の他人＝「私でない人」も使う。この時点で、特定の存在を意味していない。では、この言葉はいったい何を意味するのか。

そもそも「私」は名前の代替物である。有名な童謡がある。

「サッちゃんはね　サチコって　いうんだ　ほんとはね　だけど　ちっちゃいから　じぶんのことサッちゃんて　よぶんだよ　おかしいな　サッちゃん」（『唱歌・童謡ものがたり』岩波現代文庫）

この子が成長すると、他人が呼びかける「サッちゃん」という名前が、他人の言う「私」の意味だと気がつくか、気づくことを強制されて、「私」という一人称に代替されるのである。

では、「名前」とは何か。それは他人との人間関係における位置を意味する。我々は、他人から名前を与えられ、その名前で繰り返し呼ばれ、呼ばれながら様々に扱われて、その相手との関係を徐々に理解する。その結果、多様な関係の結節点として「サッちゃん」なる実存を理解する。

すると、こうなる。後に「私」と称する実存の名前はもちろん、肉体も他人に由来する。「私」の根拠は「私」にない。もし、「人間」と称する実存が、他者との関係の特定の結節点としての記憶を無くすか、他者にその関係を承認されないか、あるいはその両方であれば、「私」は直ちに断絶し、崩壊する。

すなわち、「私」であることを根拠づける、「常に・同一で・それ自体として存在するもの」は、「私」や「名前」などの言語によって、設定されたフィクションに過ぎない。

このことは、「私」以外のすべてについて言える。

ある「机」が「机である」根拠はその物体そのものには無い。「机」として使われるから、その物体は「机になる」。この世の誰も机として使わない机は「机ではない」。我々のその物体に対する行為の仕方、すなわち関わり方（その上で物を書く、飲食する）が「机」であることを生成しているのであり。「机」という語は、その関係の形式を意味する。

「水」それ自体など存在しない。「水」が存在するのは人間にとってだけである。そのような身体構造を持ち、このような様式で生活するとき、それに応じて、ある物質が「水」

になる。

同じ物質が、「魚には家、餓鬼《がき》には血、人間には水、天人には宝玉《ほうぎょく》で飾られた池」に見えるという、仏教の「一水四見《いっすいしけん》」という有名な教説は、この事情を言うのである。

苛烈な認識

この観点から、まず「一切の形成されたものは無常である」という一節を検討してみよう。

あるものが何であるかは、そのものとは別のものとの関係から生成される。これが「一切の形成されたもの」の意味である。

それはそれ自体に根拠があって、そのようなものであるわけではない。関係の仕方が変化すれば、それはそのようなものではなくなる。つまり、そのものの恒常性や同一性は虚構なのだ。「無常」とはこの意味である。

ところが、言語は、そのような無常なものを、あたかも常に同一でそれ自体で存在するものがあるかのごとく錯覚させる。

ある物体との関わり方を限定して、その上に立っても坐ってもいけない、書き物をするか飲食する器を置くものとして使用することに限り、そのような関係の仕方・形式を「机」と呼ぶ。

次に、その言葉と共にこの関係形式を乳幼児に刷り込めば（教えれば）、彼らは「机」という言葉の習得と同時に、最初からその物体を「机」だと認識するようになる。すると、その認識は倒錯して、事実としての形態が千差万別でも、見た瞬間に「机」とわかる以上、その物体には内部に「机」である根拠を持つのだと考えるだろう（「本質」とはこの謂《い》いである）。

これが「私」にも同じように作用して、人間関係の結節点に過ぎず、記憶と他者からの承認を失えば即座に断絶する「私」を、常に同一でそれ自体で存在するもののごとく錯覚させる。これで初めて、「老・病・死」の変化を嫌悪し忌避できることになる。

「一切の形成されたものは苦しみである」というとき、無常なものが苦しいのは、この錯覚のゆえである。同一ではあり得ないものを「同一だ」と思い込んで扱うとき、あるいは同一であり続けることを欲望するとき、それが苦しみの原因となる。

すると、「一切の事物は我ならざるものである」とは、次のような意味になるだろう。

「事物」は言語によって構成され、概念化され、そういうものとして認識されたもののことである。したがって、その事物の内部にその事物がその事物である根拠はない。

「その事物がその事物である根拠」とは、言い換えれば、その事物を「常に同一でそれ自体で存在するもの」とする何か、であろう。これを「我《が》」と言う。インド哲学では「アートマン」、今風には「実体」あるいは「本質」と言う。

だとすれば、一切の「事物」は、そのような「我」「アートマン」「実体」「本質」ではあり得ないことは自明であろう。

すると、この「一切の事物は我ならざるものである」という一節は、我々の認識能力の範囲内に「我」が無いということを意味し、同時に、その埒外《らちがい》に「我」が存在し得ることを示唆する。

ところが、我々の認識能力が及ばない領域における存在の有無については、いかようにしても知ることができない以上、事実上「我は無い」も同然である。論理的にも、「有る」と主張できなければ、「我」について考えることは無意味だ。「神はいるかいないか、わからない」という前提での話は、信仰としても思想としてもナンセンスで、「いない」となんら変わらない。

したがって、「一切の事物は我ならざるものである（非我）」とは、「一切の事物に我は無い（無我）」と言い換えることができるのである。

それは結局、私が私である根拠もなく、世界が世界である根拠もなく、およそ存在するものが、そのように存在する根拠はない、という苛烈《かれつ》な認識に至るのである。

「本当の自分」への欲望

時として我々が発する「本当の自分とは何か」という問いは、「私が私である根拠」への欲望の言い換えである。

この欲望こそ、言語内存在とも言うべき人間の、根源的かつ強烈な欲望である。動物としての本能的欲求、すなわち食欲・性欲・睡眠欲に匹敵するか、あるいはそれらさえも凌駕する人間固有の欲望なのだ。

その欲望の根底には、記憶と他者の承認でかろうじて維持されている自己という存在の不安がある。すると、不安は記憶も承認も必要としない何ものかを、根拠として欲望することになる。

この欲望は、ごく普通には死と誕生の不安と直結している。

我々は、死が何か原理的に知ることはできず、同じようになぜ自分が生まれてきたのかの理由も絶対にわからない（生まれる前に自分はいないのだから）。

死についての語りも、誕生の謂われも、自分でいる間の妄想か、あるいは自分になった後のお伽噺《とぎばなし》に過ぎない。

だとすれば、その中間にいかなる根拠も見いだせないのは当たり前であろう。出発地点も目的地もわからずに走る人間に、自分の走る意味や理由がわかるわけもない。

したがって、このような場合、概して外から根拠を持ってくるものである。いわく、「神」「天」「道《タオ》」「ブラフマン」「イデア」「絶対精神」、エトセトラ。

これらのアイデアと結託して、無常の存在に「常」たる根拠も持ち込もうというのが、世に言う「神学」「形而上学」の考え方である。この結託によって根拠を引き込み、「本当の自分」を制作しようというのである。

では、こういうアイデアをリアルに感じなくなったとき、別に根拠を引き込む方法はあるか。一つだけある。それは「所有」と結託するのだ。

「所有」という根拠

生死の不安の正体は、それが絶対的にわからないことである。わかれば不安はなくなるか、大幅に減少する。この場合の「わかる」とは、その「わかったこと」が操作できることを意味する。

つまり、生まれてくる理由と死の正体がわかれば、相応の対策が取れるに違いない。「わかる」と、その対象を「思ったように」操作できるわけである。ということは、思ったように生まれて、思ったように死ねれば、生死の不安はほぼ解消される。これは要するに、自己決定で生まれて自己決定で死ぬことを意味する。

しかし、事実は、思ったように生まれることはできないし(思う主体がまだいないから)、自己決定では死ねない(死んだら死ぬ自己がいないから)。そこで、両端は諦《あきら》めて、生きて自己でいる間だけ、思ったように自己決定し続けることで、「思う自己」「決定する自己」の強度をあげられれば、思い続け・決定し続ける自己が、それ自体で存在できるかのように錯視できる。「思う、ゆえに在り」というデカルトの言葉は、この意味である。

ただ、デカルトは裏口から「神」を引っ張り込んで、「思う理性」の存在を保証させたが、この「神」のリアリティが落ちてしまえば、剝《む》き出しの「思う」「決定する」能力そのものが自己を根拠づけるしかなくなるだろう。

かくして、「所有」という行為が「ある事物の処置を思うとおりに決定する」ことを意味するならば、所有が自己の存在を根拠づけ、「所有する、ゆえに在り」となるだろう。これが近代以降の資本主義市場経済が造形する人間の基本的な在り方である。

そして、このような了解が錯視であるがゆえに、近代人だけが「本当の自分」を欲望して疲弊するのである。と同時に、仏教が最初から所有行為に否定的なのは、この行為が「根拠」を錯覚させるからなのだ。

では、「本当の自分」とは何か。けだし、それは「本当の自分」を欲望し続けて裏切られ続ける、ある実存の裂け目であり、破綻した構造である。無常とは、そのことなのだ。

第三章　縁起と因果

一切の存在は無常で無我だとすると、ならば、無常で無我なまま、いかに一切は存在するのか、と問われるだろう。その説明に持ち出されるのが、「縁起」と「因果」の教えである。

ブッダは「悟り」を開いた後、「十二支縁起」と呼ばれるアイデアを考え、さらに最初の説法で「四諦《したい》」を説いたと経典にある。ということは、少なくとも経典制作当時、この二つが仏教の最も基本的な教えと認定されていたのだろう。本章では、これらを手始めに、仏教の「縁起」と「因果」をめぐる教説を検討してみよう。

前提としての因果律（原因—結果関係）

そこで、話の前に、一般に言う因果律《いんがりつ》（原因—結果関係）そのものを考えてみる。往々にして仏教の縁起や因果の教説がわかりにくくなるのは、そもそも因果律をどう認識しているのかを説明しないからである。

普通我々は「原因がある」とか「〇〇が原因だ」という言い方をするが、こう言うとき、あたかも「原因」なるものが、それ自体で存在しているかのように考えているだろう。つまり、因果律それ自体が、普遍的かつ実体的な原理のごとくこの世に存在している。その「原因」とされたものが自動的に何らかの「力」を発揮して、「結果」たる事態を自動的に「引き起こす」、という漠然たる理解である。

だが、この考えは誤解である。因果律はそれ自体で実在する原理ではない。いかに根本的とは言え、道具を発明した人間の、思考の道具である。

道具それ自体など存在しない。それは何らかの目的のために使われて、初めて道具である。道具それ自体など無い。

因果律もそうである。そもそも、後に「結果」とされる事態に直面して、しかる後に「原因」が「発見」されたり、「特定」されたりするのである。「原因」は「ある」のではなく、「認識される」のだ。とすれば、要するにこれは「結果」とされる事態を操作する目的のためにどうするかという思考の道具に過ぎない。

「石に躓《つまず》いて転んだ」という事態では、往々にして「石」が「原因」とされるだろうが、転ぶには重力が必要であろう。さらに、なぜその時その場所に「石」があったのか、という「原因」は無視される。しかも、他の誰でもないその人物がなぜその「石」に躓くのか、その理由もわからない。

だとすると、「石に躓いて転んだ」という言い方は、膨大な因果の連鎖や条件が錯綜《さくそう》する事態を恣意的《しいてき》に切り詰めていることになる。「その石にもう人が躓かないようにする」という暗黙の最終目的に合わせて、因果律を適用しているのである。

すなわち、因果律で事態を説明できたからと言って、それが「真理」になるわけではない。それが実在する原理（神の意志のごとき）なら、「結果」は必然だろうが、実際は違う。

科学的理論が「実験」による検証を必須とするのはそのためである。「実験」前の「理論（因果関係の構築）」は「妄想」と区別されない。

繰り返しておく。因果律はそれ自体で実在する原理ではない。それはいかに根本的で重要であろうと、所詮思考の方法、道具である。方法の正当性は目的に規定され、使用結果で検証されなくてはならない。

そして、当然のことながら、因果律は仏教の専売特許などではないし、オリジナルな教説でもない。あくまでも、言語を持つ実存たる人間において普遍的な、思考の方法である。仏教はその因果律を駆使して、独特な教説を展開しているのだ。

この一般的な因果律に最も近い初期経典のアイデアは、『ウダーナ』にある次のようなものである。

「これがあるときこれがある。これが生ずるときこれが生ずる」
「これがないときこれがない。これが滅するときこれが滅する」
（経典では、それぞれに続いて、順逆の十二支縁起が述べられている）（『ウダーナ』「菩提の章」）

この一組の文章が、仏教における最も原型的な縁起の表現であり、あとはこの原型的アイデアがどう用いられ、解釈され、展開されていったかである。次にそれを検討しよう。

十二支縁起

まずは、ブッダが悟りを開いてから最初に考えたこととされる「十二支縁起」である。

この教説は、『律蔵《りつぞう》』「大品《だいほん》」によれば、解脱から七日間その境地を楽しんだ後、考察されたとされる。それは自己の実存を、十二の要素の因果連鎖で説明するものである。十二の要素とは、無明《むみょう》、行《ぎょう》、識《しき》、名色《みょうしき》、六処《ろくしょ》、触《そく》、受《じゅ》、愛《あい》、取《しゅ》、有《う》、生《しょう》、老死《ろうし》で、その一般的な意味は次のように解説される。

1. 無明　根本的な煩悩としての無知。
2. 行　生活作用、志向作用。物事がそのようになる形成力＝業《ごう》。
3. 識　識別作用。好き嫌い、選別、差別を行う意識。
4. 名色　物質現象（肉体）と精神現象（心）。対象世界を構成する形態と概念。
5. 六処　六つの感受機能、感覚器官（眼耳《げんに》鼻《び》舌《ぜつ》身意《しんい》）。

6. 触　六つの感覚器官に、それぞれの感受対象（色声香味触法《しきしょうこうみそくほう》）が触れること。外界との接触。
7. 受　感受作用。六処、触による感受。
8. 愛　渇愛、妄執。
9. 取　執着。アタッチメント。
10. 有　存在。生存。
11. 生　生まれること。
12. 老死　老いと死。

この十二項目を無明から始まる因果の連鎖で繫《つな》ぎ、前項が後項を引き起こすと考えるのである（順観《じゅんかん》）。逆に、無明が消えれば、以下の項目はドミノ式に消え、「解脱」ということになるであろう（逆観《ぎゃくかん》）。

ブッダは、この因果連鎖のメカニズムを自分で説明していない。たとえば、無明から行がどのように生まれ、行がどう識を引き起こすかについての解説は、経典に見当たらない。

その説明は、時代が下り、いわゆる部派仏教の教学の成立を待ってなされた（『倶舎論《くしゃろん》』に紹介される説一切有部《せついっさいうぶ》の説など）。その最も有名な解釈は、十二項目を前世・現世・来世の三世に配当し、それを受胎から胎児の形成・誕生などに結び付け、いわば胎生学的に説明するものである（『倶舎論』）。

それによると、まず前世の根本煩悩（無明）が作用（行）して、現世の母体内において識が生じ、そこから六つの感覚器官を備えた胎児（名色）が形成され、それが完成して出生する（六処）。

生まれると外界に接触（触）するが、まだ刺激を受ける（受）だけで、乳幼児期は苦楽などの感覚の区別が定かにつかない。その後、成長にしたがい、性欲が形成されて執着や妄執（愛）が生じ、さらに性欲のみならず、様々な欲望が対象に発動する（取）。

そのような存在の仕方（有）が、来世の出生（生）の原因となり、新たな心身を得て老い死んでいく（老死）。この場合、来世の生は現世の識に当たり、来世の老死は現世の名色・六処・触・受に当たるとされる。つまり、現世を仲立ちに過去世と来世を因果関係に結んで生物学的に説明するのであり、これを「三世両重の因果」と呼ぶ。

この解釈をとるならば、あきらかに三世を実在するものと考え、因果関係も実体的に考えざるを得ない。すなわち、各項目はそれ自体で存在し、前項の力が後項を「引き起こす」のである。後に検討する「輪廻《りんね》」を構造的に説明するのも、このアイデアであろう。

十二支縁起の実存的「改」釈

私はこのような実体論的解釈はとらない。そうではなくて、これは我々の実存の構造を説明するモデルだと考える。

まず無明は、関係において存在するものをそれ自体で存在していると錯覚すること、すなわち無常で無我である実存を常に同一な実体であると誤解することである。とすると、それは先述したように、言語の機能である。

一定の関わり方、関係の仕方を命名（言語化）して意識に刷り込み、結果的に命名されたもの（意味）が、それ自体で存在する「実体」、あるいは「本質」だと錯覚させること、これが言語の機能であり、無明とはそのことだと、私は考える。

行は無明たる言語機能の発動であり、人間の意識や認識作用（識）の現実態が言語であるとするなら、言語機能の発動を意識の発生と考えても不自然ではない。

意識や認識は、必ずや何ものかについての意識・認識として作用する。その対象となるのが知覚される形態（色）と、思考によって把握される概念（名）であり、だとすると識と名色の成立は同時である。

認識対象（名と色）の成立とは、それと同時進行的に認識主体（六処）の形成である。知覚や認識が作用として機能するのは、教育によってである。

生まれた直後の乳児は、五感もほとんど分化しておらず、一種の混沌状態にあると思われる。その未分化状態の名残が、「黄色い声」とか「赤っ恥」「ブルーな気分」などという比喩《ひゆ》であろう。つまり、視覚経験である色を聴覚や感情と結び付けて表現できるのは、その基盤に「共通感覚」的な未分化状態があるからだ。

この未分化状態は、まず大人による事物の指示と名称の刷り込みで、周囲の世界を区分し秩序づけ、対象世界として構成することを通じて、認識主体化する。

言語による指示が繰り返されるうちに、どの対象にどの感覚が対応するのかを認識し、それが他の対象とどう違うのかを理解することを通じて、意識と五感は構造化されて、認識主体として成立する。

言語によって構造化された認識主体と認識対象が接触（触）すると、そこに知覚が生じる。この知覚は一定の印象として感受され（受）、相応の反応が起こる。その代表は、対象に対する愛着と、その逆の嫌悪である。嫌悪はいわばマイナスの愛着である（愛）。

そのような感情は、プラスであれマイナスであれ、具体的な対象への働きかけ（取）となる。

有は、このように理解された実存の構造であり、生はその現実化である。そして老死は無明に起源する実存の苦の極相なのだ。

私は以上のように十二支縁起を実存の構造モデルとして考えるが、このアイデアを支持する言説が事実、経典にある。

経典における実存的説明

たとえば、十二支縁起の原型的解釈は以下のようなものである。

「さて世の中で欲望は何にもとづいて起るのですか？　また（形而上学的な）断定は何から起るのですか？　怒りと虚言と疑惑と及び〈道の人〉（沙門《しゃもん》）の説いた諸々のことがらは、何から起るのですか？」

「世の中で〈快〉〈不快〉と称するものに依って、欲望が起る。諸々の物質的存在には生起と消滅とのあることを見て、世の中の人は（外的な事物にとらわれた）断定を下す。

怒りと虚言と疑惑、——これらのことがらも、（快と不快との）二つがあるときに現われる。疑惑ある人は知識の道に学べ。〈道の人〉は、知って、諸々のことがらを説いたのである。」

「快と不快とは何にもとづいて起るのですか？　また何がないときにこれらのものが現われないのですか？　また生起と消滅ということの意義と、それらの起るもととなっているものを、われに語ってください。」

「快と不快とは、感官による接触にもとづいて起る。感官による接触が存在しないときには、これらのものも起らない。生起と消滅ということの意義と、それの起るもととなっているもの（感官による接触）を、われは汝に告げる。」

「世の中で感官による接触は何にもとづいて起るのですか？　また所有欲は何から起るのですか？　何ものが存在しないときに、〈わがもの〉という我執が存在しないのですか？　何ものが消滅したときに、感官による接触がはたらかないのですか？」

「名称と形態とに依って感官による接触が起る。諸々の所有欲は欲求を縁として起る。欲求がないときには、〈わがもの〉という我執も存在しない。形態が消滅したときには〈感官による接触〉ははたらかない。」

「どのように修行した者にとって、形態が消滅するのですか？　楽と苦とはいかにして消滅するのですか？　どのように消滅するのか、その消滅のありさまを、わたくしに説いてください。わたくしはそれを知りたいものです。――わたくしはこのように考えました。」

「ありのままに想う者でもなく、誤って想う者でもなく、想いなき者でもなく、想いを消滅した者でもない。――このように理解した者の形態は消滅する。けだしひろがりの意識は、想いにもとづいて起るからである。」（『ブッダのことば』一九一―一九二頁　岩波文庫）

この引用文から見る限り、どう見ても部派のような実体論的かつ胎生学的解釈は無理筋である。

問題になっているのは、現に生きている人間の欲望と錯覚（事物の実体視＝形而上学的断定）であり、その根源を「想い」に求めている。「想い」とは十二支縁起の識に比定できるだろう。

とすると、名称と形態は名色、感官は六処、接触は触、快と不快は受、欲望は愛に当たるだろう。

これらの項目は、いわば実存をモデル化して理解するときの、論理的関係を示すものと考えるべきである。そう考えていると思われる文章が別の経典にある。十二支縁起を説明しながら、この経典は「なにを成立条件として名称と形態があるのだろうか」という問いに「識別作用（識）を条件として、名称と形態がある」とした直後に言う。

「なにか特定のものを成立条件とすることによって識別作用はあるのだろうか」と、もしそう問われたならば、アーナンダよ、「〔それはそのように〕ある」と答えるべきである。「なにを成立条件として識別作用があるのだろうか」と、もしそうたずねられたなら、「名称と形態を成立条件として、識別作用がある」と答えるべきである。

（『原始仏典』「長部経典Ⅱ」七五頁　春秋社）

つまり、識と名色の因果関係が相互的になっているのである。この二項が相互的ならば、他の因果連鎖を実体的に解釈するのは、事実上できない相談であろう。
さらに、「想い」に当たるところを、考えること、つまり言語だとする経典の一節もある。

師（ブッダ）は答えた、「〈われは考えて、有る〉という〈迷わせる不当な思惟〉の根本をすべて制止せよ。内に存するいかなる妄執をもよく導くために、常に心して学べ。（略）」。（『ブッダのことば』二〇〇頁　岩波文庫）

さらに、この引用文の前には、老・病・死への嫌悪を、実体を想定する考え方に関係づける文章もある。

生存に対する妄執を断ち、心の静まった修行僧は、生をくり返す輪廻を超える。かれはもはや生存を受けることがない。（『ブッダのことば』一六五頁　岩波文庫）

「生存に対する妄執」とは、まさにブッダの青年期の述懐にある、老・病・死の嫌悪と裏腹だろう。その妄執を滅尽《めつじん》することと実体の錯視を脱することも、また同じことなのだ。

「四諦」の教え

因果関係を骨格とする初期の重要な教えがもう一つある。「四諦」の教えである。これは先に述べたブッダの初転法輪、すなわちかつての修行仲間に対して行った初めての説法で説かれた教えとされる。

四諦とは、苦諦《くたい》・集諦《じったい》・滅諦《めったい》・道諦《どうたい》を言う。

一切は苦しみであるという真理、苦しみには原因があるという真理、その苦しみは原因を知ることで滅することができるという真理、滅するには方法があるという真理、この四つである。

一般には、苦諦と集諦は迷いの世界の結果と原因、滅諦と道諦は悟りの世界の結果と原因とされ、四項目の論理的関係が説明されている。それによって、いわば仏教の実存に対する基本認識を表明しているわけである。

これらは理屈の形式だけでいうなら、大した話ではない。不都合なことには原因があり、原因がわかれば解決する方法も見つかるという、当たり前な能書きで、何もブッダに教わるような話ではない。

独自な教説として宣揚《せんよう》できるのは、その内容ゆえである。つまり、これは抽象的な論理を説いているのではなく、ブッダの認識と実践を総括しているのだ。

一切は苦であるという認識は、ブッダの教えの原点であり、この認識を共有しない者に仏教は無用である。

では、その原因は何かと言えば、煩悩とか欲望、妄執であるとブッダは説いている、というのが通り相場だろう（律蔵には愛欲・生存欲・権勢欲とある）。彼の「悟り」の核心にはこのような原因の発見が含まれるはずである。

その上で、原因を除去する八つの方法（八正道、後述）によって、苦は滅却（涅槃）できるというわけである。

かくして、この四つの「真理」はブッダの具体的な実践の過程で証明されたもので、その証明ゆえの「真理」であるに過ぎない。

たとえば、滅する方法の正しさは、実際にその使用によって問題を解決したとき以外に証明されない。

さらに問題なのは、すでに述べたとおり、煩悩の滅却が最終目的だとして、それがどんな状態なのか、ブッダ本人以外に確かなことがわからないことである。

煩悩を単純に本能的欲求に限れば、死ぬ以外に解決はなく、だったら一番楽に自死できる方法が「唯一の正しい道」になるという、馬鹿げた仕儀に至るだろう。

だいたい、一人の人間が誕生直後から完全孤立状態で育てられれば、「性欲」は構成されない。たとえば射精は排尿とほぼ同じことになるだろう。

本能的な興奮や刺激は、それ自体では欲望にならない。欲望になるのは、「私の」興奮や刺激となり、それが「他人へ」方向づけられたとき、つまり欲求が人間関係に媒介されたとき、はじめて「欲望」として構成されるのである。

逆に性器を切除しても、直ちに「性欲」が止まるわけでもない。昔、中国の宦官《かんがん》と女官の「不義」は数多かったという。たとえ実際に生理的な興奮や刺激が無くても、自己と他者の関係性において、興奮の記憶や行為の模倣から、あるいは権勢欲など別の欲望が転移して、性的幻想を生み出し、それが欲望化していくことは大いにあり得ることだろう。

生存欲にしても、それは「私が」生存し続けたいという欲望であることは自明である。

だとすれば、自己の実体視というさらに根源的な原因からしか、生存欲は構成されない。

権勢欲の本質は、他人を「思いどおりにしたい」、他人から「認められたい」という、

「私」の実存根拠への錯覚的欲望である。

ということは結局、「私」の存在様式に吸収されるか、あるいは自意識に感染しない限り、本能的欲求は人間の欲望にも煩悩にもならない。

私が煩悩の根本である「無明」を言語だと考えるのは、まさにブッダの発見が人間という実存の深奥を見ているからである。仏教は犬猫山川の問題ではない。人間、すなわち言語内に実存するものだけの問題である。犬猫山川は、そのような言語内実存にかかわる限り、話に出てくる役回りでしかない。犬猫山川自身に仏教が必要ないことは言うも愚かである。

いわゆる本覚思想《ほんがくしそう》系統のアイデアでは、『涅槃経』（大乗経典）の「悉有仏性《しつうぶっしょう》」などの教説に基づいて、人間以外の動物や自然の事物も成仏し得ると考えるが、そのようなロマンティシズムはゴータマ・ブッダの出家時点での問題意識とは無関係であり、したがって仏教のテーマは人間という実存に限ると見たほうがシンプルでよいと、私は考える。

すると、この四諦の教えは、我々の現状についてのブッダの見解（苦諦）を納得し、その原因を煩悩・無明だとする認識を共有し、成果がどう出るのか不明だが、ブッダの推奨する方法を実践することでしか、「真理」にならない。

「真理」とは、この納得・共有・実践という一連の行為のことであり、しかもその実行には、成果を度外視して方法に賭ける覚悟がいるのである。

このことを、道元禅師は主著『正法眼蔵《しょうぼうげんぞう》』で「修証一等《しゅしょういっとう》」と言う。その「等」とは、理論と実験の関係と同じである。実験で証明されない限り、理論は「妄想」と区別できない。仏教の思想も同じ。思想の「正しさ」は修行で証明されるほかない。いや、修行においてしか「正しさ」はない。

ただし、その証明は完成しない。それを覚悟して、なお証明の工夫をし続けるしかないのである。禅師の言う「無所得」とは、この完結しない修行のことを言う。四諦の教えは、まさにブッダにおいては完結し得た「修証一等」を示している（彼は実際に完全なニルヴァーナ〈無余涅槃〉に入ったはず、だから）。

第四章　空と縁起

十二支縁起や四諦は「初期経典」といわれるパーリ語仏典に説かれているが、これとは異なる極めてユニークな縁起思想が、ナーガールジュナ（龍樹《りゅうじゅ》・一五〇〜二五〇年頃）によって主張される。

「空」の思想と『中論』の独創

紀元後一世紀頃から急激に勃興してきた、後に「大乗」と呼ばれる仏教運動において、最もユニークなアイデアは「空《くう》」と称されるものである。「空」の考え方そのものは、初期経典にも出て来る。

つねによく気をつけ、自我に固執する見解をうち破って、世界を空《くう》なりと観ぜよ。そうすれば死を乗り超えることができるであろう。このように世界を観ずる人を、〈死の王〉は見ることがない。（『ブッダのことば』二三六頁　岩波文庫）

この一節に出る「空」は、実体（アートマン）の存在を否定する役回りである。これをさらに大規模に展開したのが大乗経典の「般若経典（群）」であり、中でも「空」の意味を簡潔に要領よく述べているると私が思うのは、以下の文章である。

シャーリプトラよ、存在しないというかたちで存在し、自体として存在していない（つまり知られない）。だから、（その真理を知らないことを）無知（無明）というのである。無学な凡夫、一般人たちはそれらに執着し、存在しないすべてのものを（実在すると）妄想する。彼らはそれらを妄想したうえで（ものは恒常的であるとか断滅するものであるとかの）二つの極端（な見解）にとらわれて、それらのものを（真実には）知らず、見ない。（『大乗仏典2　八千頌般若経Ⅰ』二四頁　中公文庫）

話の要点は、実体を持たない（無自性《むじしょう》）まま、つまりは無常で無我でありながら存在するものの、その存在の仕方である。特に注目すべきなのは、「無学な凡夫、一般人たちはそれらに執着し、存在しないすべてのものを（実在すると）妄想する」という一節だ。これはつまり、我々が通常「存在する」と言うとき、それは「妄想」なのであり、すなわち言語の作用なのだと主張しているのである。

先行した部派仏教の教義は、時間を実体視し、存在するものを要素に分解してこれを実体と考えて、その集合で無常と無我を説明した（「五位七十五法」）。いわば、自動車に実体はなく、正体は部品の集合である、というような説明をするのである。

これに対して、「般若経典」における空《くう》の思想は、要素であろうが部品であろうが、一切の実体視を排して、無常と無我のアイデアを徹底する。

そのような立場を、言語作用に焦点を当てて理論化し、大乗仏教を代表する思想家となったのがナーガールジュナであり、彼の思想的核心を表明するのが主著『中論《ちゅうろん》』である。

この『中論』には空について有名な一節がある。


およそ、縁起しているもの、それを、われわれは空であること（空性）と説く。それは、相待《そうだい》の仮説（縁《よ》って想定されたもの）であり、それはすなわち、中道そのものである。（『中論（下）』「観四諦品」六五一頁　第三文明社　以下、『中論』引用文は同書）

ここで重要なのは、縁起を空であると捉え、その考え方を「相待の仮説」としていることである。

「相待」とは縁起していること、「縁《よ》ってあること」の謂《い》いである。それを「仮説」というのは、存在するものが関係から生起しているなら、それは実体として存在するのではなく、仮に想定されたもの、言語によって仮にそういうものとして認定されたものだ、という意味だろう。

つまり、『中論』における空の思想は、存在するものを縁起する事態として認識するのであり、このアイデアの核心には言語の機能や作用についての、深刻な思索があるということなのだ。これは、それ以前に考えられた縁起や因果についてのアイデアとは、全然違う発想である。

「相依(相互依存)性」という錯誤

『中論』で語られる縁起説は、しばしば「相依性《そうえしょう》」として解説される。これは「AによってBがあり、BによってAがある」という考え方だが、『中論』はこういう意味の縁起説を直接に開陳しているわけではない。

この種の縁起説は、『中論』の大注釈者であるチャンドラキールティ(月称《げっしょう》・七世紀前半頃)が主張しているアイデアである。

その場合、たとえば次のような『中論』の一節が引用される。

行為者は行為に縁って〔起り〕、また行為はその行為者に縁って起る。それ以外の成立の原因をわれわれは見ない。（『中論（中）』「観作作者品」二八三頁）

『中論』には他に、「浄」と「不浄」を例に、「浄」によって「不浄」があり、「不浄」によって「浄」があり、「浄」そのもの「不浄」そのものは成立しないと説く文章（「観顚倒品」）もある。

すると、これに倣《なら》ってチャンドラキールティ自身は「長があるとき短がある」という例を出す。ならば、我々でも他の例がいくらでも思いつくだろう。「親がいるから子がいる」「右があるから左がある」エトセトラ。

この言い方は、事象の時系列的継起を実体視した部派の十二支縁起説とは異なり、事象の論理的関係を意味している。

私は、チャンドラキールティのように相依性で縁起を解釈するアイデアを採用しない。それは『中論』の思想を誤解させる、と考える。

なぜなら、相依性の縁起説は結局、AとBがそれ自体で成立し、然《しか》る後にAとBが相依的に関係するように解釈されるからである。

もちろん、『中論』は全編にわたって、Aそれ自体、Bそれ自体のような、実体的存在を繰り返し否定している。

しかしながら、A・Bの相互依存で縁起を語るなら、そのAとBはどのように成立し、存在するのかを説明しない限り、暗黙のうちにAとBの存在を前提として、その上で両者の相互依存関係を言うしかないだろう。

だから、『中論』には相依性の考え方を否定していると見られる一節があるのだ。

〔Bに〕依存して「存在（もの・こと）」〔A〕が成立しており、その〔Aに〕依存して〔Bが〕成立している〔場合に〕、もしも依存されるべきものが〔先に〕成立するのであるならば、〔AとBとの〕どちらがどちらに依存して〔成立するのであろう〕か。

（『中論（中）』「観燃可燃品」三二三頁）

私は『中論』の縁起を相依性で解釈する方法を採用しない。『中論』が直接言及しているのは、あくまで言語作用が引き起こす実体視に対する批判である。縁起そのものの意味を解説する文章はない。

したがって、言語批判から示唆される事物の存在の仕方についての解釈を、『中論』の「縁起」説として、我々が推定するしかないのである。

まず、『中論』の言語批判はどのようになされるか。

言語批判による実体の否定

「般若経典（群）」において展開される空の思想の理論的解明は、『中論』においては、言語批判を用いてなされる。それはすなわち、事物がそれ自体で存在すること（自性）の否定を、仮にそれ自体で存在するかのように考えたとき、どんな矛盾が生じるかを論証することによって行うのである（帰謬《きびゅう》論証法）。

たとえば、原因や結果がそれ自体で存在すると考えると、どうなるのか。すなわち因果律を実体視するといかなる矛盾が生じるのか。

事物が無いときにも、有るときにも、縁は妥当しない。〔なぜならば、事物が無いときは〕、無である何ものにとっての縁なのであろうか。また、〔事物がすでに有るときは、その〕有るものにおいて、〔あらたに〕縁をもって、何を〔なすの〕か。〔いま

さら縁は必要としない)。(『中論(上)』「観因縁品」一〇三頁)

引用文によると、因果関係が「実体」として存在し、それがこの世界の在り方を規定する原理だと考えると、矛盾が生じる。

「結果」として規定される「事物」が、「結果」それ自体として存在するなら、もう「原因」(引用文中の「縁」)は不要である。「結果」とされる「事物」が無いなら、そもそも「原因」(「因」)は「原因」にならない。

このような実体視は言語の作用である。これを主体と行為の関係で見よう。

まず第一に、すでに去った〔もの〕(已《い》去《きょ》)は去らない。〔つぎに〕、まだ去らない〔もの〕(未《み》去《きょ》)も去らない。すでに去った〔もの〕とまだ去らない〔もの〕とを離れて、現に去りつつある〔もの〕(去《きょ》時《じ》)は去らない。

「現に去りつつある〔もの〕に去るはたらき〔が有る〕」〔と主張する〕ならば、二つの去るはたらき〔が有る〕、という誤りが付随してしまっている。〔すなわち〕、「現に去りつつある〔もの〕」〔を成り立たせる〕それ（去るはたらき）と、さらに「そこに去るはたらき〔が有る〕」というそれ（去るはたらき）とである。（『中論（上）』「観去来品」一一七、一二三頁）

この引用文を、「彼は歩いている」という言い方に変換して考えてみよう。『中論』は普通誰も疑わないこの対象認識を、真っ向から否定する。

最初の文は、「歩いている」という行為がそれ自体では成り立たないことを言う。それは過去と未来から切断された現在それ自体が存在しないのと同じだと言うのである。

それを存在すると強弁すると、矛盾に陥る。次の文は以下のように解釈される。

彼はいま歩いている以上、すでに「歩いている彼」である。その彼がさらに「歩く」ことはありえない（「二つの去るはたらき」）。歩く彼でもなく、歩かない彼でもないなら、いったい誰が、歩くのか。

この二つの文は、行為それ自体も、行為から切り離された主体それ自体の存在も否定する。つまり、言語がそう錯覚させるように、主体それ自体、行為それ自体が実在し、その連結で「彼が歩いている」わけではない、と主張しているのだ。

もう一つ紹介しよう。同一性と差異性をめぐる議論である。

もしも「およそ薪はすなわち火である」というならば、行為主体と行為〔業〕とは同一である、ということになるであろう。またもしも「およそ火は薪とは異なって別である」というならば、〔火は〕薪を離れても、存在することになるであろう。〈『中論（中）』「観燃可燃品」三二一頁〉

「薪が燃えている」と言い表される事実において、薪と火が同一ならば、薪は常に燃えていなければばならない。薪と火が異なって別ならば、薪は決して燃えず、火は消えることなく燃え続けることになる。

不合理が起こるのは、燃えている事実を、言語によって「薪」と「火」と「燃えている」という概念に分割して実体視した上で、それらの結合で事実を把握しようとするからである。

結合が成り立つためには、事物に差異がなければならず、それと同時に同一になれなければならない。この矛盾が、言語の作用において不可避なのだ。

したがって、こう言う。

業と煩悩とが滅すれば、解脱が〔ある〕。業と煩悩とは、分析的思考（分別）から〔起こる〕。それら〔分析的思考〕は、戯論《けろん》（想定された論議）から〔起こる〕。しかし、戯論は空性（空であること）において滅せられる。（『中論（中）』「観法品」四九一頁）

「分析的思考」とはまさしく言語の核心的機能であり、「戯論」とは実体を想定する考え方のことである。ならば、『中論』における無明が言語であることは見やすい道理だろう。

「行為」としての縁起

このような『中論』の議論から読み出しうる縁起の考え方として、私が提案したいのは、縁起の「縁って起こる」、すなわち「関係から生起する」の「縁」「関係」の実質を、我々の具体的な「行為」だとすることである。

たとえば、因果律（原因—結果関係）は、事物の在り方を決める原理ではない。そのような実体的存在と考えることは、先述のごとく『中論』で否定される。

それは道具を使う実存である人間の、最も重要で基本的な原理であるとは言え、要は思考の方法である。

生活の現場で道具を使うとは、何かを目的に、それを実現する手段を駆使することである。この手段―目的の実践的関係が、事物の在り方を理解する存在論的な関係に適用されれば、これが原因―結果関係になるであろう。

それがさらに概念同士の関係づけとして使われれば、理由―結論の論理関係になる。

ということは、因果律はその根本に道具的思考がある。つまり、特定の欲望や意志に基づいてある対象を目的とし、これを操作し・支配する行為において現実化する。使わない道具が道具でないように、因果律は、操作と支配の意志と行為がない限り、無用であり、存在しない。

主体と行為の関係も同じである。「歩いている彼が歩かない」のは、彼がそのとき歩くという行為以外においては実存しないからである。歩く行為において彼であり得ているのに、さらにその上に歩くことなどない。同時に、歩く彼がいないところに、「歩く」行為があるはずもない。

すなわち、「彼が歩く」という我々に普通の認識は、徒歩移動という実存的事実から、その関係項として、言語が「彼」と「歩く」の概念を括《くく》り出し、その結合によって成立しているのだ。

「薪が燃えている」という認識における薪と火の関係も同じである。

薪それ自体も火それ自体もない。薪が薪となり、火が火になるのは、燃やそうという生活上の意志と行為である（山火事の木々は「薪」ではない）。燃やす・燃えるという行為や事実との関わりにおいて、ただの木片を火が薪にし、その薪を燃やす限りにおいて火は存在する。

行為としての関係が存在を規定する、これが『中論』から読み出せる縁起のアイデアだと、私は考える。

しかも、このアイデアは、遡《さかのぼ》っては初期経典、下っては『正法眼蔵』に直結するだろう。

初期経典と『正法眼蔵』における行為的縁起説

まず初期経典。

行為によって賤しい人ともなり、行為によってバラモンともなる。人間のうちで、牧牛によって生活する人があれば、かれは農夫であって、バラモンではないと知れ。（『ブッダのことば』三五、一三六頁　岩波文庫）

行為が実存を規定するというアイデアの、これ以上に簡単明瞭な説明はないだろう。
次に『正法眼蔵』。

生《しょう》というは、たとえば、人のふねにのれるときのごとし。このふねは、われ帆をつかい、われかじをとれり。われさおをさすといえども、ふねわれをのせて、ふねのほかにわれなし。われふねにのりて、このふねをふねならしむ。この正当恁麼時《しょうとういんもじ》を功夫《くふう》参学《さんがく》すべし。この正当恁麼時は、舟の世界にあらざることなし。天も水も岸もみな舟の時節となれり、さらに舟にあらざる時節とおなじからず。このゆえに、生はわが生ぜしむるなり、われをば生のわれならしむるなり。舟にのれるには、身心依正《しんじんえしょう》、ともに舟の機関なり。尽大地・尽虚空、ともに舟の機関なり。生なるわれ、われなる生、それかくのごとし。（『正法眼蔵（二）』「全機」八三―八四頁　岩波文庫）

この文章の趣旨は、次のように解釈できる。

「人が舟を漕ぐ」と言う場合、それ自体で存在する「私」と、それ自体で存在する「舟」を、それらとは別に存在する「漕ぐ」行為が繋いでいるのではない。

まず「漕ぐ」行為があるのだ。その意味では、「漕いでいる舟を漕いでいる私」以外に私の実存はない（「ふねのほかにわれなし」）。

他方、「舟」はそのとき「私」が漕いでいる限りにおいて、「舟」である。誰も漕がない舟は、「舟」ではない（「ふねをふねならしむ」）。舟がまさに舟になっているとき、つまり私が漕ぎ、舟が漕がれているとき、その行為において、空も水も現成する。「漕ぐ」行為はその櫂《かい》が入る水を、「川」か「海」か「湖」にするだろう。「空」は帆に風をはらませる存在として現成する。

「生きる」という行為も同じなのだ。「生きる」という行為が起動するとき、それは確かに「私が生きる」という事態でしか現実化しない。しかし、それは同時に、すでに「生きる私」が実存していることを意味する。

「舟である」という事態も、「生きる」という事実も、行為的な関係のシステム（「機関」）

として、一挙に現実化する。個々にそれ自体で存在するように認識されているものは、所詮はこのシステムにおける関係項（アクター）として構成されるのである。

『中論』における十二支縁起

ここで一つ問題なのは、『中論』の末尾部分で登場する十二支縁起の議論である（「観十二因縁品」）。

そこにおいては、部派仏教の胎生学的解釈が、ほとんどそのまま出て来る。これはどう考えても、それ以前の立論と矛盾する。

そこで、この部分は従来、これまでの「正統」教説との連続性や、在家人に対する布教の都合への配慮として、いわば「方便」として付加したのだ、などと解釈されることがある。

私は、その解釈はとらない。実体的な胎生学的解釈は無視して、先に述べた通りの実存的解釈に変更して構わないし、そのほうが十二支縁起説は生きると思う。

そもそもどう考えても、本章冒頭での因果律に関する議論をはじめとして、これまで延々と実体論を排斥してきた『中論』が、急にここにきて実体論的解釈に転向するはずがない。
その上、ここでは胎生学的縁起説が完全にコピーされているわけではない。決定的なのは、識と名色の項目に相互関係が設定されていることである。

〔諸〕「行」を縁とする「識《しき》」（識別するはたらき）が、趣（生存の場所）に入る。そして「識」が〔趣に〕入ったときに、「名色《みょうしき》」（名称と、いろ・かたちあるもの、心ともの）が現われる。

眼と、いろ・かたちあるもの（色《しき》）と作意《さい》（対象への注意）とに縁って、すなわち、「名色」に縁って、そのような「識」が生ずるにいたる。（『中論（下）』「観十二因縁品」七一三、七一五頁）

これは、先述した初期経典における十二支縁起の原型的議論に共通する解釈である。だとすれば、事実上、胎生学的解釈は無効であり、顧慮に値しないだろう。
かくして今や私は、大乗仏教の縁起説として、「行為主義的縁起説」を提唱したい。

親と子は、出産と養育という行為から、「親」と「子」に「成る」のであり、右と左は、空間に縦の分割線を入れる行為から、「右」「左」として「出現」する。浄と不浄は、排除し払拭《ふっしょく》する行為から、「浄」と「不浄」の感覚として現象するだろう。

では、この大乗の「空」思想、あるいは縁起論の源流は初期経典にあるだろうか。私はそれが「無記《むき》」と「中道」の教えだと思う。

第五章　無記と中道

『中論』の議論の核心が、言語批判による「実体」的存在の否認、換言すればそのもの自体で存在すること（自性《じしょう》）だとすれば、初期経典に見られる「中道」の考え方に、まず注目するべきである。

快楽と苦行、有と無の両極端

中道とは、ひと言で言えば、両極端な生き方や在り方を離れることである。その代表的な例が以下の二つである。

そこにおいて、尊き師は五人組の托鉢僧（比丘）達に語りかけた。「托鉢僧達よ、出家した者はこれら両極端にかかずらうべきでない。どのような両〔端〕か」。「〔一方は〕もろもろの欲望の対象を楽しむことへの専念である。このことは低俗であり、凡俗であり、平凡であり、立派でなく、利益を伴わないのだ。そして、〔一方は〕自身を疲弊させることへの専念である。このことは苦しく、立派でなく、利益を伴わないのだ」。（『原始仏典Ⅱ』「相応部経典第六巻」五五五―五五六頁　春秋社）

カッチャーヤナよ、「すべてのものは存在する」というこれは一つの極端な論である。「すべてのものは存在しない」というこれは一つの極端な論である。カッチャーヤナよ、如来はこれら両方の極端な論に近づかずに、中庸を保って教えを説く。（『原始仏典Ⅱ』「相応部経典第二巻」五一頁　春秋社）

最初の引用文は、いわば快楽主義と苦行主義の両極端、次は物事の「有る」と「無い」

の二元論を離れることを主張している（経典中に出て来る順序は前後逆だが、ここでは叙述の便宜としてこの順序にする）。

両者を伝統的に「苦楽中道」「有無中道」と称することがあるが、主張の根本的な意味は同じで、実体論の否定である。

快楽と苦行の意味

我々人間の場合、ただの「快感」と「快楽」、本能的「欲求」と「欲望」は意味が異なる。後者は先述のとおり、すでに意識と言語に浸透されている。すなわち、その根底から対象の支配、あるいは所有の意思によって構成されている。

それは対象を「思いどおりにしたい」という欲望であり、そこに由来する快楽なのである。単なる感覚の充足における快感や欲求とは次元が違う。快感や欲求は一定質的・量的な限界と充足があるが、快楽と欲望には限界がない。それは「思い」に限界と充足がないからである。

この「思いどおりにしたい」という欲望が「思いどおりにできた」経験として当面の充足を得ると、「思う」主体の存在は強化される。

実際には根拠を欠いている「自己」の実存に、錯覚的な根拠を与えるのである。それは、すなわち自己に実体があるかのように誤解させるだろう。

では、苦行主義は何を錯覚させるのか。簡単である。それは超越的な理念である。知りたいこと・理解したいことが、日常経験において、あるいは実験や計測が可能な経験科学において、確実に「知り得ること」「理解できること」ならば、そもそも苦行などは必要ない。

苦行が必要なのは経験を超えた、超越的な次元にある「真理」のごとき、何ものかである。それは「超越」であるがゆえに尋常の方法では知り得ない。ならば、それに見合った尋常ではない、非日常的かつ非常識的な、普通の人が日常でも学問でも使わない方法が、特別に要請され、発明されるだろう。

すなわち苦行とは、最初から超越的理念の存在を前提にしているのであり、まさに実体主義的実践なのである。

有（常住）と無（断滅）と無記

「○○が有る」「○○が無い」と我々が言うとき、「○○」そのものは有無の判断を離れている。換言すれば、「○○が無い」と否定するためには、否定の対象の存在を前提にするしかないのである。

ということは、我々の経験的な有無の判断を超えた「○○」を設定しない限り、「有る」「無い」の言表は不可能なのだ。

逆に言えば、有無の判断（言表）はその行為において超越的理念、すなわち実体を要請していることになる。

したがって、有無の両極端を離れるとは、まさに実体の設定や錯視を避けることなのだ。このことがさらに明確にわかるのが、「無記《むき》」という教えである。

「無記」とは、初期経典に見られる、以下の一〇項目の問いにブッダが回答を控えたことを言う。経典から要旨を列記する。

1. 世界は永遠であるのか
2. 世界は永遠でないのか
3. 世界は有限であるのか
4. 世界は無限であるのか

5. 生命と身体は同一か
6. 生命と身体は別個か
7. 修行完成者（如来）は死後存在するのか
8. 修行完成者（如来）は死後存在しないのか
9. 修行完成者（如来）は死後存在しながらしかも存在しないのか
10. 修行完成者（如来）は死後存在するのでもなく存在しないのでもないのか

（『原始仏典』「中部経典Ⅱ」三〇三頁　春秋社）

文中、「永遠」とは「常にそうであり続ける」という意味だから、結局これは「世界は実体として存在するのか」という問いになる。「無限」も同じ。「世界」が「同じものとしてどこまでも不変で有るのか、どうか」と言っているのだから、要は「世界」が実体として有るのかどうかを問うのだ。「生命と身体は同じか別か」は、つまり死後（身体の断滅後）にも生命は有るのかどうか、という問題である。すなわち、現象としての生死（肉体の変化）を貫徹する「実体」としての生命が有る（常住）かどうかの問いになる。

「如来」の存在についての四つの問いも、如来がそれ自体として「実体」的に存在するのかを問う。

特に9と10は、我々の通常の判断や認識を超えるレベルでの超越的「如来の存在」があり得るのかを問うもので、これらをペンディングするのは、まさに「無記」という考え方の徹底であり、核心と言えよう。

私は、まさにこの「有無中道」の理論が、『中論』の言語批判による反実体思想に直結すると考える。というより、これが『中論』の議論の母胎である。

私は、ここまで述べてきた無常・無我・空（縁起）・無記を、仏教の持つ最もユニークで、かつ最重要のアイデアであると考えている。これらを絶対の「真理」などと言うのではない。そうではなくて、仏教をその他の思想と区別する決定的メルクマールだと思う、と言いたいのである。これを説かないなら、仏教ではあり得ないし、ある必要もない。

次に、因果律が適用されるもう二つのアイデア、「輪廻」と「業」という考え方に関説する。

第六章　輪廻と業

輪廻・業というアイデア

「輪廻」とは要するに、「生まれ変わり死に変わりすること」である。それが「変わり」である以上、何ものかについての変化としてしか認識されないから、「生まれ変わり死に変わり」と言う以上は、変化せず自己同一性を維持する実体的存在を設定せざるを得ない。すなわち「霊魂」のようなものである。

すでに古代インドのウパニシャッド文献の中に、いわゆる「五《ご》火《か》二《に》道《どう》」説として見られ、インド土着の思想と言える。

この「生まれ変わり死に変わり」思想に、因果律が組み込まれ、その「変わる」主体の現在の行為が原因となって、次の生まれの状況が決まる（ということは、現在の主体の状況は、過去の彼の行為の結果）というパラダイムが成立する。この時の行為が「業《ごう》」（カルマ）と呼ばれる。

バラモン教を思想的に引き継いだヒンドゥー教では、業の結果としての次の生まれ先の状況を「地獄」「餓鬼」「畜生」「人間」「天界」の五つ（五趣または五道）に分け、これを身分制度としてのカーストに結びつける。

これが仏教になると、「畜生」と「人間」の間に「修羅《しゅら》」という、闘争に明け暮れる世界を設定して六つとし、仏教の輪廻は「六道輪廻《ろくどうりんね》」と言われるようになる。

ヒンドゥー教にしろ仏教にしろ、そのような輪廻からの「解脱」が、教えの最終目的とされるのである。

輪廻の教説は、初期経典から大乗経典まで、様々な経典に見られる仏教における最もポピュラーな教説である。

「自業自得」「因果応報」から「親の因果が子に報い」式の俗説まで、まさにこれらは輪廻・業説を土台にしているのであり、中国で撰述されたと言われる『善悪因果経《ぜんあくいんがきょう》』などは、行為とその結果を詳述してやまない。

たとえば、『善悪因果経』を七五調の和文に構成し直した『因果和讃《いんがわさん》』などには、「六根《ろくこん》器量のよき人は　忍辱柔和《にんにくにゅうわ》の果報なり　生《うまれ》て醜きそのものは　腹を立《たて》たる其《その》むくい」などという、差別的な表現がある。

さらに問題なのは、「業病《ごうびょう》　悪病《あくびょう》わずらうは　破戒で三宝謗《さんぼうそし》る咎《とが》」という文句だ。「業病」は歴史的にハンセン病を意味する場合が多く、その病に罹患《りかん》するのは、過去世で戒律を破ったり、三宝（ブッダ・その教え・その教団）を誹謗《ひぼう》した結果なのだという。

かくのごとく、輪廻・業思想は仏教における強力な差別イデオロギーになってきたし、今もなりえる。

輪廻は要らない

私は、輪廻説は仏教に不要であり、捨てるべきだと思う。ゴータマ・ブッダがそれを説いた蓋然性《がいぜんせい》は高いとしても、これは無用であり、維持する害の方がはるかに大きい。

だいたい、終始一貫した同一性を保つ「霊魂」みたいな、アイデンティティーを保証する何ものかが「生まれ変わり死に変わりする」という言い方・考え方は、どう見ても、無常・無我・無記・縁起という仏教のキー・コンセプトに背反する。

こう言うと、「いや、仏教では、輪廻するのは霊魂のようなものではない。そんなアートマン（我）同様の何かではなく、命の流れのような、個人を超えた大いなる意識のようなものが輪廻するのだ」などと言い出す人が出てくる。

さらに今様になると「認識のエネルギーが輪廻する」と言う者までいて、「エネルギー保存の法則」などを持ち出して説明する、荒唐無稽な言い分まである。これらは、いわゆる「無我輪廻説」の類である。

以前聞いた「無我輪廻説」は、川の流れにできる渦巻きを例に出していた。あるところでできた渦巻き（渦巻きA）が、流れの条件が変わって消え、流れの別のところに渦巻き（渦巻きB）が現れる。それが「輪廻」だと言うのだ。

しかし、それですませるなら、所詮「私の先祖は徳川家康です」レベルの話だろう。輪廻と言うからには、「このA（徳川家康）が、こっちのB（私）になったのだ。B（私）と見えるものは、実は以前のA（徳川家康）なのだ」という主張でない限りは、「輪廻」にならない。それ自体としては不変の実体性を持つ何かが「生まれ変わり死に変わりする」のだと言わないなら、説としてまるで無意味なのである。

それでも「命が流れる」「意識が続く」「エネルギーが保存される」と言うなら、「流れる」「続く」「保存される」と言えばよいだけの話で、わざわざ「輪廻」などと言い出す必要は毛頭ない。「無我輪廻説」などはほとんど詐称で、「無我持続説」が言い方として真っ当である。もっと言えば、仏教における輪廻説は、言葉の使い方を間違っているに過ぎない。

仏教において、最も重要な教説は、無常・無我・無記・縁起であり、だとすれば「輪廻」説は余計である上に理論的に無理筋で、無くて構わないし、無い方がよい。

では、理論的に維持するのが無駄な「輪廻」説が、なぜ仏教に引き込まれて残存し、それどころか仏教の重要教説のような顔をして今なお流布しているのか。

理論的に余計なものが存在し続けるのは、実践的な需要があるからである。

まず考えられるのは、人間に善悪を強制する道具としての需要だ。善行を課し、悪行を禁じるとき、脅迫と利益誘導の手段として、「輪廻」のアイデアを使うのである。「善いことをすれば、良いところに生まれる。悪いことをすれば酷《ひど》いところに生まれる」。

このような取引レベルの話は、所詮世間の話である。つまり、当時の在家者に生きている間の「処世術」として説く必要があったし、その需要もあったから、当時のゴータマ・ブッダ教団は「輪廻」説を必要と需要の範囲で使ったのだろう。

だとすれば、こんなものを今なお我々が引き継いでいることは、著しく志の低い話だ。理論的に無駄な「輪廻」説など放擲《ほうてき》して、仏教は仏教でオリジナルな倫理説、善悪観を提出すればよいのである（これについて私が行った実験が、『善の根拠』講談社現代新書）。

もう一つの実践上の需要は、前に述べた差別イデオロギーにかかわる。

とくに苦しい境遇にある人、たとえば人種や民族、身分や心身の障害など、生まれ・出自によって差別されたり抑圧されたりしている人が、自分の在り方をなんとか受容しようとする場合と、別の誰かが彼にその在り方を受容させようとする場合に、このイデオロギーは強力に作用する。

まず、困難な状況にある人が「なぜ自分は今、これほどつらい境遇にあるのか。どんな理由があるのか」という疑問に答える理屈として、輪廻説には需要があるのだ。

自己の実存に対して理由や根拠を求める欲望というのは、人間にとっては致命的である。それがつらい状況ならなおさらであろう。そのとき、輪廻説というのは、非常に耳に入りやすい。

だとすると、それはまた、つらい境遇をその当事者に黙って甘受させたいと思う第三者にとっても、非常に便利な理屈なのである。つまり、その境遇は「自己責任」だと言って放置できるからだ。

ということは、「輪廻」説は、「社会的強者」が「社会的弱者」を支配し・隷属させるイデオロギーとして、重要な役割を果たし得るわけである。

インドにおいて、「カースト制度」が「輪廻」説とセットになり、かつて「強制隔離」措置の対象となった「ハンセン病」が「天罰」や「前世の因縁」で説明されていた（私はハンセン病治癒者から体験談を直接聞いた）ことを思えば、すぐにわかる話だろう。

だったら、「カースト制度」に反旗を翻した仏教が、「輪廻」説を後生大事にしている理由はいささかもない。ゴータマ・ブッダ自身が生前説いていようといまいと、これは仏教にとって本筋の教えでも大事なアイデアでもない。「輪廻」説は仏教に要らない。我々はそれから「解脱」すべきなのである。

業の「改」釈

仏教に「輪廻」というアイデアは不要だが「業」は違う。「業」は「自己」の実存理解において、決定的な意味を持つ。

既述の通り、業の原義は行為であり、業思想の基本は行為が人間の存在の仕方を規定するということである。その意味では、私の行為主義的縁起説の一部だと言えよう。

このとき、人間の行為は、因果律を方法として使用しない限り、現実化しない。すなわち、将来の目的を設定し、それに鑑《かんが》みて過去の経験を反省して、現在なすべきことを決断する。この営みにおいて、人間の行為は行為として成立する。

仏教において修行が可能なのも、まさにこの方法による。すなわち修行者としての目的を立て（誓願）、過去を反省し（懺悔《さんげ》）、なすべきことを決断する（発心《ほっしん》）。この意味で、業の考え方は仏教に不可欠である。

この見解を前提として、まず従来一般的な業の辞書的理解を紹介しておくと、およそ次のようになる。

> 業思想とは、ある人間のある行為が彼の実存の仕方を規定し拘束することを、善因善果・悪因悪果という倫理的因果関係において理解する思考様式である。仏教では「自業自得」を主張し、その限りでは実存の「自己責任」論を採用している。多くの場合、業思想は輪廻思想と結び付けられ、過去・現在・未来の三世にわたる教説（「三時《さんじ》業《ごう》」）として語られてきた。

右の理解は明らかに、業を規定する因果関係を実体的な原理として考えている。

これに対して、修行を成立させる方法として因果関係を考えた場合の、本書なりの業理解を以下に提示する。

現在の「自己」の実存が、その時点での既知未知にかかわらず、当人に責任のある行為、あるいは当人に責任のない事柄によって規定・拘束されている事実を自覚し反省して、ついに決断とともにこの事実を、「自己」の実存条件として引き受けるとき、「自己」の実存は「業」として認識される。すなわち、業とは業の自覚のことであり、この自覚がない限り、業は無意味であり、端的に「無い」のだ。

こう考えるならば、ある人物の業は徹頭徹尾、彼自身の自覚の問題なのであり、第三者が彼の業についてアレコレ言うこと（「君が今不幸なのは、前世の悪い行いの報いだよ」）は、極めて僭越《せんえつ》かつ無礼であるだけでなく、ただの妄想か悪質な冗談に過ぎない。言い換えれば、「自己」を「業的実存」として自覚し理解するとき以外に、業には存在の余地がない。そして、この自覚抜きにブッダの実存はあり得ない。それはブッダであることの十分条件ではないが、必要条件である。

ただ、本人の自覚とは別に、第三者に言われたことを「確かにそうだな」と納得するなら、それは彼の業の認識になるだろう。

業の自覚と反省は、「自己」の実存を因果関係において理解しない限り不可能である。

この場合、その理解は、「自己」が何を目的として構成されていくのかによって、根拠づけられる。

たとえば、ある行為なり事実の解釈の仕方とその意味は、「ニルヴァーナ」を目指している「自己」と、「科学的真理」を知ろうとしている「自己」とでは、まったく違うものになる。

ということは、仏教の業理解は、実存の自己理解のことであり、その意味では「自業自得」と言えるだろう。仏教者として将来に何を志し、その志に照らして過去をどう反省し、反省の上に今いかなる決断をするか。この営為において捉えられる実存においてのみ、業は語られなければならない。

しかしながら、本書での業論においては、「自己」に責任のない事柄も「自己」を規定する以上、業として認識される。では、その事柄とはどんなものか。

まずは自然環境、社会秩序、宗教文化、政治体制など。そして決定的に重要なのは言語。これらのものは、「自己」の実存を根本的に拘束するが、「自己」責任とは無関係である。そうではなくて、多くの「自己」が共同で制作したものであって、いわば「共同業」なのだ。

実は、この「共同業」にあたるものとして、古来仏教に「共業《ぐうごう》」の概念がある。ただ、これは「器世間《きせけん》」、すなわち自然環境のみを意味する。本書はこの概念を拡張して「共同業」を定義したい。

ブッダと道元禅師の業・因果論

初期経典には、以上のように業を解釈することを支持する説示がある（『原始仏典Ⅲ』「増支部経典」一〇二頁　春秋社）。

ここでブッダはまず、同時代に競合していた思想家（「六師外道《ろくしげどう》」と呼ばれる）の決定論的思考を紹介する。

その中のある者は、人間がこの世で苦楽や不苦不楽を甘受するのは、すべて前世でなされた因によって決まっている、つまり宿命であると説く。またある者は、超越的な神の意志で決まると言う。さらに別な者は、決まった原因など無く、まったくの偶然だと主張する（偶然だとする断定による決定論）。

これらのアイデアを紹介した上で、ブッダは彼らを「前世でつくられた因を真実のもの一般として執着する者」と呼び、その決定論的思想を次のように批判する。

決定論的思考をする者は、「これは行うべきであり、これは行ってはならないという意欲も精進もない」から、行うべきことと行ってはならないことを確実に認識し、それを忘れずに護持することができない以上、修行者とは言えないのだ。

ここには、業と因果に対する考え方がきわめて明瞭に述べられている。宿命論や超越神論、あるいは偶然論などの決定論は、すべて因果関係を実体視している。結果、それ自体として作動する存在論的な原理のように我々が扱うなら、人間の意志的行為はすべて無効になる。それはすなわち、修行者自らが志を持ち努力することの否定である。

とすると、ブッダが業と因果のアイデアを重視して説くのは、修行を可能にする思考方法として不可欠だからだ、ということになる。これなくして修行者の主体性を構築することはできない。

だから、ブッダは言う。

比丘たちよ、今、阿羅漢《あらかん》であり等正覚《とうしょうがく》であるわたしは業を説く者であり、行為を説く者であり、精進を説く者である。（『原始仏典Ⅲ』「増支部経典第二巻」二五六頁　春秋社）

かくのごとく、修行を可能にする方法としての業・因果論、これこそがブッダのアイデアであり、次に見る道元禅師の主張である。

彼の主著『正法眼蔵』には、因果について非常にユニークな説が説かれる。

善悪因果をして修行せしむ。いわゆる因果を動ずるにあらず、造作するにあらず。因果、あるときはわれらをして修行せしむるなり。（『正法眼蔵（二）』「諸悪莫作」二三四頁 岩波文庫）

ここでは、因果をそれ自体で実体的に存在する法則のようには考えていない。また、諸現象を無条件に規制する超越的な原理であるとも考えていない。

仏教において、因果は「修行する」ことにおいて作動させてのみ、意味がある（「善悪因果をして修行せしむ」）。だからと言って、我々が因果を勝手に操作するわけではない（「動ずるにあらず」）。無い因果をでっち上げるわけでもない（「造作するにあらず」）。因果が我々に修行を可能にさせるのだ（「われらをして修行せしむるなり」）。

それはそうだ。仏道修行は、経験を因果律で整理することなくして、成仏を誓願することも、教えへの背反を懺悔することも、ついに今なすべき行を決定することもできない。道元禅師にあっても、因果関係は実体的原理ではなく、修行する主体を構成するのに必要な方法である。

したがって因果関係は理解すべきアイデアではなく、信じるべきアイデアである。道具は実際に使ってみない限り、その有用性はわからない。道具の選択と使用の最中は、使えるはずだと信じることしかできない。

つまり、仏教が信じるのは「神」ではなく「因果」であり、それは超越的原理ゆえに信じるのでなく（原理なら理解の対象にしかならない）、方法的概念だから信じるのだ。このことを道元は「深信因果《じんしんいんが》」と言うのである。

そしてあえて言えば、これ以外の業・因果論は仏教として無意味である。

では、思想篇の最後に修行の最終目標としての悟りと涅槃について考えよう。

第七章　悟りと涅槃

第一章でも述べた通り、「悟り」や「涅槃」を考える上での最大かつ決定的な困難は、ゴータマ・ブッダ本人が、悟ったとき、あるいはニルヴァーナに入ったとき、まさにそのときに、何が起こったのか、何を経験したのか、何を理解したのか、まともな言及をしていないことである。

たとえば、いわゆる「悟り」「解脱」、「有余涅槃」（生前の涅槃）には意味の相違はないので、有余涅槃が「無上のやすらぎ」と説かれる経典を見てみる。

このとき、その「無上」さと、我々に経験可能な「普通の」安らぎ（小春日和のうたた寝のような）とが、どのように違うのか経典に明確な説明があれば話は別だが、そうでない限り、教説としてナンセンスで、ほとんどお伽噺とかわらない。

完全な涅槃（無余涅槃）に至っては、それはブッダの死であるから、ブッダに限らず誰の死であろうと、それが何かは原理的にわからない。ブッダも弟子に言う。

　ウパシーヴァよ。滅びてしまった者には、それを測る基準が存在しない。かれを、ああだ、こうだと論ずるよすがが、かれには存在しない。あらゆることがらがすっかり絶やされたとき、あらゆる論議の道はすっかり絶えてしまったのである。(『ブッダのことば』二二六頁　岩波文庫)

では、完全な涅槃は無理でも、「悟り」はどう考えたらよいか。考えようはないのか。

「悟り」とその語り

どう理屈をつけようと、「悟り」(以後「解脱」「有余涅槃」を含む)がブッダに起こった特殊な体験的事実だとしても、それがどんな事実であるかをブッダ自身が直接説明しない以上、彼以外の人間が語る「悟り」話は、所詮自分が「悟りだと思ったこと」に過ぎない。

すると後は、ブッダの弟子たちや後世の教団において、種々語られる「悟り」言説の正当性および正統性を、誰がどのように認証するのか、その認証手続きやシステムをどう構築するのかという、理論的かつ技術的な問題になる。

そして最後は、各々のシステムにどれくらい修行者や信者の支持が集まるのかという、政治的な問題になるに過ぎない。

初期経典には、この辺の事情がすでに意識されていただろうと思わせる記述がある。それは「解脱すると解脱したと知る」という文句が繰り返し出てくるからだ。つまり、「解脱」すると、その瞬間に「解脱したとわかる智慧」が生じると言うのである。

ブッダ本人がこんなことをわざわざ言う必要はない。彼はこれまでと全然違う経験を実際にしたのだろうから、単にそのことを「解脱した」と言えばよいだけである。したがって、この文句はどう見ても別人の付加だと、私は思う。

後代になるとこの文句は「解脱」と「解脱知見《げだつちけん》」という仏教語に整理されるが、「解脱知見」とはまさに、ブッダでもない人間が初めて「悟り」と称される境地に達したとき、彼のその特殊な経験がなぜ「悟り」だとわかったのかと質問された場合の用心として、準備された概念に違いない。

しかし、これはどう考えても無理な話である。「悟り」が何だかわからないのに「悟ったとわかった」と言うとき、その「わかった」が妄想ではないのかどうか判断する基準が、一切無いからだ。

いずれにしろ、「悟り」を何らかの特殊な体験、心身状態、意識変容だと考えるなら、「解脱知見」などという後知恵的な無理筋の概念を持ち出さざるを得なくなるだろう。

「悟り」の逸脱

このような状況の下で、ブッダ以外の者が「悟り」を語ると、「悟り」と称される経験そのものではなく、それを語る語り口こそが問題になる。彼らは一様に「本来は言葉で言えるものではないが、あえて言うなら」という類の枕詞《まくらことば》を付けて、言わせてみると皆、最終的には似たようなことを言う。

いわく、「私が消える」「対象と観察が止まる」「一切が終わる」「自他不二の境地」「思慮分別を超えた絶対無」、エトセトラ。

このように似てくるのはある意味当然で、その経験に至るまで、皆ほぼ同じような方法、つまり瞑想や坐禅を使っているからだ。

そこから語られる実質的な内容は、結局のところほとんど差異が無く、ある特定の身体技法を採用すると、最後には自意識の解体的変容が起こるということに過ぎない。

にもかかわらず、それ以上に話を盛って、「最高絶対の真理」や「超越的な境地」のごとく語るのは、所詮一定の条件下の心身状態に過ぎない事柄を、形而上学的に理念化することに他ならず、無常・無我の考え方を逸脱する。

この逸脱を聊《いささ》か戯画的に語っているのが、鈴木《すずき》大拙《だいせつ》である。彼は「悟り」についてこう切り出す。

禅の内面的生活に突入せんとするには、どうしても吾々毎日の生活を支配している考え方に対して、大きな転廻を生じなくてはならないのである。（『鈴木大拙禅選集2』「禅問答と悟り」六一頁　春秋社）

この「転廻」が「悟り」であり、彼に言わせると、それは「火の洗礼」のごときもので、「風荒れ、地戦《おのの》き、山崩れ、岩裂ける底の経験」という、特撮映画もどきの話になる。

このような「悟り」は、

いわば存在の大根元に向って突進したそのきわまりに経験するところであるといってもよいのであるから、自然これが各自の生活の上に一大転機を劃《かく》するというべきであろう。（同前書　八七頁）

この語り口はただ大げさなだけでなく、危険である。そういう「大根元」的・「真理」的境地に到達するのが最終目的だと言うなら、脳波操作だろうが薬物だろうが、何を使おうとかまわないと考える者が現れる可能性を排除できない（かつての「オウム真理教」）。

かくのごとく、誰かが自派の教義や修行方法の優越性・真理性を主張しようとすると、事実的にはどの教派宗派に言わせても同じような心身状態（いわゆる「境地」）を、どういうデザインで語って見せるかという、理屈の出来栄えとオリジナリティで勝負するしかなくなるだろう。

このことは初期経典からも言える。そこには、ブッダが出家した後に実践して捨て去った、二つの瞑想が出てくる。当時すでに一派をなしていた先輩修行者が教示した「無所有《むしょう》定《じょう》」「非想非非想定《ひそうひひそうじょう》」である。これらを到達点として絶対視し、理念化する態度を、ブッダは無用だとして捨てたのだ。

ところが、これが後日、仏教の瞑想の九段階のレベル（九次第定《くしだいじょう》）に取り込まれ、教学的に体系化される。つまり、ブッダの到達した最高レベル「滅尽定《めつじんじょう》」に次ぐ、第二位・第三位の瞑想に位置づけられるのである。

それでいて、「滅尽定」と第二位の「非想非非想定」が、具体的な体験としてどう違うのか、まるでわからない。まともな言及がない。

だから、理屈で違いを後付けする。在家では「非想非非想定」止まりとか、輪廻を持ち出してきて「輪廻を脱することができるのはこの瞑想しかない」などと言い募るわけである。

このような「悟り」の語りには、無常と無我、さらに無記の教えに背反する、実体的超越的理念がどうしても設定されてしまうのである。

「悟り」を推測する

ということになると、ゴータマ・ブッダの「悟り」とは、彼以外の者にとっては、所詮推測するしかないことなのである。あとは、どう推測するのかという問題でしかない。

この推測の方法について一切語らず、ただ「悟り」だけを云々しておいて、それをもって「これぞブッダの悟りだ」と断言するなら、それはもう僭越を通り越して、詐術に近い。

そこでまず、私はこの件を語る方法を明らかにする。

「悟り」はもともと動詞である。名詞にするから、何か特別なもの・状態があるように錯覚するが、動詞であることを思い出せば、要は目的語を導けばよいのだ。

このとき、私が一番方法として適当だと考えるのは、「悟り」と称される事件の前後で、ブッダが何を言っていたのか、前と後でどう変わったのかを見ることである。然る後、その間に何が起こったのかを推測する、という段取りになる。

そこでまず、出家後から悟る前まで、つまり修行時代のブッダの言動を考える。私が重要だと思うことは、ブッダの生涯に関説してすでに述べた。要は三つである。苦行の放棄、二つの禅定の放棄、最終的に坐禅・禅定という身体技法のみで「悟った」こと。

苦行の放棄は、苦行が「超越的真理」のような形而上学的実体を要請する以上、当然そうなるだろう。

禅定の放棄は、それを教示した二人の指導者が、自分の教える禅定が到達する心身状態を絶対視し、存在論的に優越するものとして理念化したからである。

すなわち、これらの放棄は、超越的真理あるいは形而上学的実体を呼び込むことによって、我々が存在しているという事態、すなわち実存を解釈することの忌避を意味している。

すると、ブッダの採用した修行法である坐禅・禅定は、まさにこの忌避にかかわるだろうということは、見やすい道理である。

「悟り」の後

苦行を放棄した後、ゴータマ・シッダッタ青年は、ガンジス川の支流、パルガ川（尼連《にれん》禅河《ぜんが》）の畔《ほとり》で禅定に入り、ついに悟ったのだと経典にはある。

その後に最初に語られたのが十二支縁起であり、初めての説法で語られたのが四諦八正道だとするなら、事の核心は、我々の実存を「苦」とする認識と、その原因の確定である。八正道という方法論は、現状認識と原因を発見してからの話だ。

では「苦」の原因は何かと言えば、十二支縁起の第一支「無明」、四諦の集諦としての「欲望」であろう。そして、そのいずれにしても、根本的な問題は言語であり、言語が構成する「私」、自意識である。このことは、すでに縷々《るる》述べておいた。

ということは、かくのごとく、「悟り」の前には、特定の何ものかを実体視するような修行を捨て、「悟り」の後に、「苦」の根本原因として「無明」、すなわち言語や自意識の作用を説いたのだとすれば、禅定中にゴータマ・ブッダとして悟ったこととは、言語が物事を実体と錯覚させることであり、それが「無明」の意味である。すなわち、無明の発見がブッダの悟りなのだ。それが、次のような認識をもたらした。

見よ、神々並びに世人は、非我なるものを我と思いなし、「名称と形態」（個体）に執著《しゅうじゃく》している。「これこそ真理である」と考えている。（『ブッダのことば』一七〇頁　岩波文庫）

この言語が物事を実体化する事情を、中国禅宗の最も有名な禅問答の書、『碧巌録《へきがんろく》』の中にある「鏡清雨滴声《きようせいうてきせい》」の話を例に考えてみよう。その問答の大よそは以下のようなものである。


鏡清道怤禅師が修行僧に尋ねた。

「門の外の音は、何だ？」

「雨だれの音です」

すると老師は言った。

「およそ人は錯覚してさかさまに考え、自分に迷って物を追いかけているな（衆生顛倒　迷己逐物）」

「では、老師、あれは何の音ですか？」

「おっと、もう少しで自分に迷うところだった（洎不迷己）」

修行僧はさらに問います。

「もう少しで自分に迷うところだったというのは、どういうことです？」

老師はおもむろに答えます。

「解脱してさとりの世界に入ることは簡単だが、それをそのまま言葉で言うのはむずかしいな（出身猶可易　脱体道応難）」（『碧巌録』第四六則　岩波文庫）

禅問答の解釈は様々だろうが、私はこう考える。

一般に「あれは何だ？」という問い方と、それに対する「あれは○○です」という答え方は、「あれ」と指示される「対象」がそれ自体で存在していて、それを眼や耳などを通じて感受した自分が、「精神」を正しく使用して、対象の「それ自体」性を担保する「本質」を見抜き、何であるか判断する……という枠組みを前提にしているであろう。つまり、対象と精神は実体同士として対峙《たいじ》している、というわけだ。

「およそ人は錯覚してさかさまに考え、自分に迷って物を追いかけているな」とは、まさにこのことで、一方で自分の判断を根拠づける精神的実体（往々にして「真の自己」と考えられるもの）があると錯覚し、他方それとは切り離された「対象」が、またそれ自体で存在すると誤解するのだ、と言っているのである。

このとき、「さかさまに考える（顚倒）」という禅師の言葉で私が思うのは、たとえば「私は、しとしとと、雨が降っている音、を聞いた」と言い表される事態は、実際の言語化の経過が言葉の並びと逆だろうということだ。

つまり、まず最初に「しとしと」と形容される事態が発生して、それを「降っている」こととして把握する機序が発動し、その把握を「聞いた」という言葉で対象化して、対象全体を「雨の音」と概念化することにより、当の概念化する主体の現成が自覚されて、「私は」という主語が立つ……、実際の経過がこれほど単純で図式的であるはずもないが、言語の並び（統辞秩序）と実際の言語化の流れが、ベクトルとして食い違っていることは、間違いないだろう。

そして、この言語化の過程で、「対象」と「精神」が仮設されるわけである。要は、あらかじめ「私」と「雨の音」それ自体が存在するのではない、ということなのだ。

さて、続く問答では、答えを否定された修行僧が、当然ながら、禅師は何だと言うのか、質問する。ここで老師が、「いや、お前が迷って雨だれの音などと言っているものの正体は、空《くう》で無我で縁起なのだ」などと即答するなら、「あれは○○だ」という○○の部分に当てはめている以上は、その時点で、「空」も「無我」も「雨だれの音」と変わらない。つまり、「精神」の判断する概念に過ぎず、先述の枠組みは維持されたままである。

逆に、老師が何も答えず沈黙し、その沈黙を後世の者がしたり顔で「そこには言葉にならない真理が現れている」などと解説するとすれば、老師に聞こえたものが本当に「真理の音」か、あるいはただの気の迷いや妄想だったのか、他の誰も判断できないのだから、解説そのものが妄想である。それどころか、「言葉にならない真理」がそれ自体で立ち上がり、「超越的実体」として凝固してしまう。

そこで老師は、「もう少しで自分に迷うところだった」と言うわけなのだ。何か言っても言わなくても、今ここで起きている事態を捉え切れないのである。だから、「言おうとはしているのだが、言い切れない」というところで、自制するわけだ。それが「もう少しで（洎）」ということなのである。

したがって、真意を問われた老師の終わりの言葉があるのだ。

「解脱してさとりの世界に入ることは簡単だが、それをそのまま言葉で言うのはむずかしいな」とは、「さとりの世界」、すなわち「対象」と「精神」の二元対峙の枠組みを外した、「空」とか「縁起」と呼ばれる事態は、それを体験することは可能だし、そのテクニックも伝わっているが、いかんせん事態そのものは完全に言語化しがたいし、さりとて沈黙に逃げることもできない、という意味なのである。

「言語化できない」と言い切ってしまえば、それがそのまま「言語を超えた真理」に転化しかねない。だから、たとえその事態をそのまま言語化できないとしても、その言語化に挑み続け、常に宿命的に失敗し続け、それでもなお言葉を更新し続けるしかない。その無限の行為において、「空」「無我」と呼ばれている事態を指示し続けるしかない。これが老師の言いたいことなのだ。

仏教の思想的問題の核心が言語、すなわち無明にあると、私が考える所以である。

では、このような認識をもたらした無明の発見は、いかになされたのか。それはブッダによる河畔の禅定がどのようなものだったかを推察することである。

禅定の意味

禅定あるいは坐禅の具体的技法についての言及は後に譲るとして、ブッダの悟り、私の言葉で言うなら「無明の発見」は、禅定におけるどのような心身状態で可能になったのか。その手掛かりが、初期経典にある。大略は次の通り。

悟る前のゴータマ・シッダッタが最初に師事したのはアーラーラ・カーラーマという修行者だったが、その弟子がブッダの下を訪れ、自分の師のあるエピソードを紹介した。

アーラーラ・カーラーマがある場所で禅定に入っていた。「坐」して「心静かな姿で住していた」とき、隊商の五〇〇台の車が近くを通りすぎた。直後、隊商の中の男が一人、アーラーラ・カーラーマに近づいて言った。

「尊い方よ、あなたは五〇〇台の車が通りすぎたのを見ましたか？」

「見ませんでした」

「音は聞きましたか？」

「聞きませんでした」

「あなたは眠っていたのですか?」

「眠ってはいません」

「では、意識をもって(覚めて)おられたのですか?」

「そのとおりです」

これを聞いて男は、覚醒しているにもかかわらず、過ぎていく五〇〇台の車を見ず、その音も聞かなかったという、アーラーラ・カーラーマの禅定を讃嘆する。

このエピソードを聞いたブッダは、その弟子に言う。

自分はある村に滞在したとき、大嵐に遭い、雷鳴が轟《とどろ》き、稲妻が走り、ついに落雷して、農夫二人と牛四頭が死に、群衆が飛び出してきたが、それを見ることもなく、音も聞かなかったが、しかし眠っていたのではなくて、覚醒していた、と。

この話を聞いて、アーラーラ・カーラーマの弟子は、ブッダの禅定がはるかに勝ることを知り、師を捨ててブッダに帰依したのである。(『ブッダ最後の旅』一一四—一一九頁 岩波文庫)

二人の禅定がそれぞれ「滅尽定」と「無所有定」なのか、経典は触れていない。とは言え、もしそうでないとするると、そもそもこのように比較する意味がないだろうし、比較にならない。

　このエピソードで面白いのは、アーラーラ・カーラーマとブッダの禅定の差は、レベル（深度）の問題で質の違いではないということだ。そもそもニルヴァーナに入る直前のブッダが、最低レベルの禅定である初禅から最高の滅尽定まで出たり入ったり、昇降・往復したというのだから、各禅定に質的な差異がないのは明白である。

　肝心なのは、共通して「見ないし聞かないのに、眠っているのではなく、覚醒している」と言っていることである。

　これはすなわち、何を「見た」か・何を「聞いた」か一切判断せずに、ただ「見えている」「聞こえている」状態、すなわち感覚機能を完全な受動態に設定したということである。つまり、言語の作用をギリギリにまで低減するわけだ。

　すると、「私は○○を見た・聞いた」という認識の〈自己―対象〉二元構造が崩れ、自意識は溶解していく。

　ということは、特定の身体技法（禅定・坐禅）を用いると、言語機能が停止し、自意識が溶解するのだから、これを裏返せば、実体を錯覚させるような自意識の在り方もそれ相応の身体的行為（代表的なのは競争と取引）に規定されているのである。

ちなみに、私見では、しばしば気絶か死体のような状態として説明される「滅尽定」は、九段階の禅定レベルを体系化する際に創作されたもので、ブッダが実際に行ったものではないと考えている。だいたい、失神や仮死状態を目的に修行すると本気で言うなら、仏教はまるで無意味であろう。

経典においても、ブッダが完全なニルヴァーナに入ったのは、九段階の禅定の下から四番目（第四禅）からである。ならば、それから上の五つの禅定は実質的には必要ないと言えるだろう。

ブッダの独創は「滅尽定」の発明などではない。そうではなくて、かつての二人の禅定の師のもとを去ったとき、禅定に対する考え方とその使い方を変えたのだ。その決定的な変更こそが、言語・意識と身体行為の関係性を見定める方法として、禅定を使用することである。

すなわち、言語と自意識と身体行為の致命的な相関性が、禅定において体験的に実証されるとき、言語作用によって何ものかを実体視すること（無明）の錯誤が発見されるわけだ。これがすなわち、私の定義する「ブッダの悟り」である。

道元禅師の「非思量」

これと同じことを、道元禅師は『正法眼蔵』「坐禅箴《ざぜんしん》」の中である禅問答を引き、解説している。

その禅問答とはこういうものである。

薬山惟儼《いげん》禅師が坐禅していると、修行僧が問うた。

「堂々たる坐禅（兀々地《ごつごつち》）ですが、その最中に何を考えているんですか？」

「考えの及ばないところを考えている（思量箇不思量底）」

「どうやって考えられないところを考えるのですか（不思量底如何思量）？」

「非思量するのだ（非思量）」（『正法眼蔵（一）』二二六頁　岩波文庫）

道元禅師はこの「薬山非思量」の禅問答を非常に重要視して、著書『普勧坐禅儀《ふかんざぜんぎ》』の核となるアイデアとしている。

ここで注目すべきは、「非思量」は「不思量」ではないということである。禅師は言う。

修行僧の言う「どうやって考えられないところを考えるのですか（不思量底如何思量）？」という質問だが、「考えの及ばないところ（不思量底）」という言い方が古くからあるにしても、これはさらに「どのように」と考える（如何思量）方法があるということなのだ。（同前書　二二七頁）

「不思量底」を単に「考えの及ばないこと」、換言すれば「言葉では言い表せないもの」と理解すれば、それは「言葉を超えた真理」として、超越的理念・形而上学的実体を引き込むことになる。

「非思量」は違う。それは「不思量底」を「思量する」方法だと言うのだ。このとき、道元禅師は「どのように思量するか（如何思量）」を疑問文にとっていない。そうではなくて、「非思量」の意味にとっている。つまり、「非思量」とは、「思量に非ず」という意味ではなく、「〈どのように〉という思量」であると言うのだ。

すなわち、言語機能を低減して判断を停止すれば、対象は言語化不能なものとして、それは「何だ？」となるであろう。この「何」に直面して、そのまま直面にとどまること、私に言わせれば、これが「非思量」である。

「どのように」考えていいかわからない状態をそのまま維持して、言語に回収しきれない事態に直面し続ける行為、すなわち非思量においては、自己―対象の二元構造は機能せず、自意識は溶解する。

かくのごとく、自己と対象の実存の仕方は、身体行為に規定される。このことが「非思量」の坐禅においても体験されれば、言語による物事の実体視という錯覚（無明）は、自ずから実証されることになる。

悟りはゴールではなく、スタートライン

ブッダの悟りや道元禅師の非思量を「無明を自覚する行為」だと定義するなら、それは修行における最終到達点ではなく、土台であり、スタートラインであって、完成した建物でもなく、最終ゴールでもない。

無明の自覚は、我々の存在が、自己それ自体に根拠を持つものではなく、自己ではないものとの行為的関係から生成されてくるのだという、「縁起する実存」としての認識と実践を起動するのだ。

ここから、修行者の在り方は、それまでの自己認識が全面的に転換されて、完全なニルヴァーナへと方向づけられた実存に再編成されていく。すなわち、出家し・修行し・悟り・ニルヴァーナに到達しようとするプロセスこそが、仏教の最大のテーマである。

繰り返すが、完全なニルヴァーナ（無余涅槃）が何であるか、誰であろうとわからない。それは事実としては「ブッダの死」であり、死である以上、原理的に理解不能なのである。

したがって、ブッダではない者にとって、完全なニルヴァーナとは、出家し・修行し・悟るというプロセスの果てに起こる死である。

ここのところを、道元禅師は「即心是仏」という禅語を解説しつつ教示する。

即心是仏とは、発心・修行・菩提・涅槃の諸仏なり。いまだに発心・修行・菩提・涅槃せざるは即心是仏にあらず。（『正法眼蔵（一）』一四八―一四九頁　岩波文庫）

「即心是仏」はそれまで、「今の自分の心がそのまま仏なのだ」というように解釈されてきた。それを道元禅師は真っ向から否定する。

禅師は、発心（仏道を志すこと）・修行・菩提（悟り）・涅槃という行為において生成される実存こそが「即心是仏」である、と主張するのである。

このとき、禅師が強調するのは、発心（仏道を志すこと）・修行・菩提（悟り）・涅槃という行為を繰り返せ（「行持道環《ぎょうじどうかん》」）ということである。

かりに、悟りを無明の自覚だと定義すれば、言語に拘束された実存たる我々にとって、その自覚は常に失われやすい。だからこそ、繰り返しそれを解体する意志を発し（発心）、修行して、自覚（菩提）を更新しなければならない。

このとき、涅槃がこの世で起こる（有余涅槃）とするなら、それは悟りと同じ事態として、同じように反復される。それはすなわち、「悟って仏になる」のではなく、悟ろうとし続けること、その意志と実践において「仏として存在しうる」ということだろう。

この辺の事情を、次の禅問答についての道元禅師の解釈を参考に、検討してみよう。

仏のさらに先を行く

この禅問答は、中国唐代の高僧、洞山良价《とうざんりょうかい》禅師が修行僧たちに説法したところから始まる。いわく、

「君たちは、仏のさらに先を行く者（仏向上人）がいることを知らなければならない」

するとある修行僧が質問した。

「仏のさらに先を行く者とは、どういう者なのですか？」

「仏ではない（非仏）」（『正法眼蔵（二）』「仏向上事」一三二頁　岩波文庫）

この問答について、道元禅師は次のような解説をしていく。

すべからく仏向上人ありとしるべし、いわゆるは、弄精魂《ろうぜいこん》の活計《かつけ》なり。しかありといえども、古仏を挙してしり、拳頭《けんちょう》を挙起してしる。すでに恁麼《いんも》見得するがごときは、有仏向上人をしり、無仏向上人をしる。（同前書　一三三頁）

「仏のさらに先を行く者がいることを知らなければならない」とは、精魂を弄するという工夫のことである。そうして、古来の仏の在り方（古仏）を例に、その工夫を知り、また具体的な修行（拳頭）を通じて、それを知る。すでにそのように認識できたなら、仏のさらに先を行く者がいることを、あるいは仏の先を行く者などいないことを、知るのだ。

「弄する」とは「もてあそぶ」という意味である。すなわち、「精魂を弄する」とは、努力が報われるかどうかなど問題にせず、努力すること自体に意味を見出すことである。それが「仏のさらに先を行く者がいる」ことと同じだというなら、「修行して成仏する」という常識的な理解を脱落することである。

もし、修行した結果、何らかの時点で「仏となった」と自他ともに認識できるなら、それは概念に過ぎない。ならば、その概念と実存は一致しようがない。「私」という言葉が、実存それ自体を指示できないのと同然である（「私」という言葉は、「他」の誰もが使える）。

つまり、「先を行く者」とは、そのような概念に過ぎない「仏」、換言すれば、我々が「仏とは○○である」と言い得るような何者かではないのである。

我々が「先を行く者」を知るとすれば、それは古来の仏の在り方を研究し、その具体的な実践の仕方を習得することを通じてである。つまり、行為する実存の「自己」にならうのだ。

そうなれば、「先を行く者」は、「いる」「いない」という言語による判断の埒外に出ることになる。

而今《しきん》の示衆は「仏向上人となるべし」とにあらず、「仏向上人と相見《しょうけん》すべし」とにあらず。ただしばらく「仏向上人ありとしるべし」となり。（同前）

だから、洞山禅師はここで修行僧に示して、「仏の先を行く者になれ」と言わない。彼と出会えと言わない。ただ、彼はいるのだと知れ、と言うのだ。

なぜなら、「なれ」たり「出会う」なら、それは対象化可能だということであり、言語的に分別可能な概念だからである。問題はそうではなく、「先を行く者」として実存することを、その仕方を知らねばならないのだ。

この関棙子《かんれいす》を使得《すて》するがごときは、まさに有仏向上人を不知するなり、無仏向上人を不知するなり。その仏向上人、これ「非仏」なり。（同前書　一三三―一三四頁）

「関棙子」は歯車、仕掛け、からくり等の意味で、ここでは要領くらいに訳せるだろう。この要領を呑み込めれば、まさに仏の先を行く者がいることを知らず、彼がいないことも知らない。「仏の先を行く者」とは、そのように「知る」行為、言語による概念化が及ばない実存であり、これを「仏ではない（非仏）」と言うのだ。

ならば、その実存は先述の通り、完全なるニルヴァーナに達するまで、発心と修行と悟りを反復する実践においてのみ、現実化する。そのような行為の仕方に規定される「自己」、そういう存在の仕方が「非仏」であり、「仏の先を行く者」であろう。つまり、「仏の先を行く」とは、判別可能な概念として理解される「仏」を脱落して修行することを意味している。

「いかならんか非仏」と疑著《ぎじゃ》せられんとき、思量すべし、ほとけより以前なるゆえに非仏といわず、仏よりのちなるゆえに非仏といわず、仏をこゆるゆえに非仏なるにあらず。ただひとえに仏向上なるゆえに非仏なり。その非仏というは、脱落仏面目なるゆえにいう、脱落仏身心なるゆえにいう。（同前書　一三四頁）

「仏に非ず」とはどういう意味かと不審に思うなら、よく考えよ、それは成仏以前だから仏に非ずと言うのでなく、成仏以後だからそう言うのでもなく、仏を超越しているから言うのでもない。

「以前」「以後」「超越」は概念化した「仏」を前提とする言い方である。

そうではなくて、ただ、「仏の先を行く」から仏に非ずと言うのだ。その「仏に非ず」とは、具体的な実践において、概念として認識される「仏の在り方（面目・身心）」を脱落していることを言うのである。

道元禅師は、議論を展開してきた「仏向上事」の巻の終わりで、こう結論する。


いわゆる仏向上事というは、仏にいたりて、すすみてさらに仏をみるなり。衆生の仏をみるにおなじきなり。しかあればすなわち、見仏もし衆生の見仏とひとしきは、見仏にあらず。見仏もし衆生の見仏のごとくなるは、見仏錯《さく》なり。いわんや仏向上事ならんや。（同前書　一四四頁）

言うところの「仏のさらに先を行く」ということは、成仏してなお、さらに先を行く仏を見ることである。ただ「見る」と言うなら、凡夫が仏を見ると言うのと同じであろう。だとするならば、「仏を見る」ということが、凡夫のように、対象化して概念的に認識することならば、それは仏を見たことにならない。

それが衆生の認識のようなものならば、その認識は錯誤であり、「仏のさらに先を行く」こととは違うことは言うまでもない。

では、「さらに先」の究極、完全なるニルヴァーナは、どう考えたらよいのだろうか。

次はこれを論じる段取りである。

死の受容としてのニルヴァーナ

繰り返すが、経典中に見る限り、我々が認識可能な完全なニルヴァーナとは、ブッダの死である。

すると、「ニルヴァーナ」は仏教の最終目標であるにしても、それが何だか定義されないのだから、修行者にとっては達成すべき「目標」とも「対象」とも言えないはずである。

ならば、我々にとって可能なニルヴァーナへのアプローチとは、ある行為様式（生き方）における死の受容でしかないと、私は考える。

わけのわからないものを目標にするなら、それは「受容」という方法でアプローチされるほかあるまい。つまり、この「目標」は我々の能動的行為の対象とはなりようがなく、結果的に、その根本において受動態で応接するしかないのである。

かくして、本書では、経典中に語られるブッダの死だけを問題にして、そのまま修行者の実存にスライドさせ、完全なるニルヴァーナを定義する。

「死」を、その「外形的事実」（「事実」の内容は一切考えない。考えても無駄だから）として考えれば、それは、いつか、どこかで、「それが何だか決してわからない」出来事が勃発し、今の我々の在り方全体を不可逆的に断絶させてしまうことである——現時点でこれ以上のことは言えない。

この「死」を、欲望することもなく、何かの解決と思うこともなく、拒絶することも嫌悪することもなく、ただ「受容する」態度に対して立ち現れる「死」を、完全なる「涅槃」と考えたいと、私は思う。

このような「死の受容」にとって重要なのは、「生き続けたい」自己と「死にたい」自己の持つ欲望を無力化することだ。

その場合、ターゲットにすべきは、「欲望」ではなく「自己」の方である。「欲望」は時と場合で転移し変化するので（「生きたい」は「死にたい」に、「死にたい」は「生きたい」に、「所有」欲と「断捨離」欲がしばしば互いに転移するように）、特定の「欲望」を消去したとしても、それは消えているのではなく別の「欲望」に転移している場合がほとんどだ。

だから、仏教的アイデアは、「欲望」ではなく欲望する「自己」を解体することを目指すわけである。

では、実践としてはどうするのか。基本は二つだ。

一つは、自意識を解体する身体技法（禅定・坐禅）を習慣的に行い、「自己」の実存強度を低減する。

もう一つは、「自己」を「他者」に向けて切り開き、「他者に課される」実存から「他者を迎え入れる」縁起的実存として再構成する。

具体的には、他者との間に利害損得とは別の関係をつくり出す。その根本は、何か行動する場合に「他者」を優先することである。

ただ「他者」の優先は、他人の要求に無条件で従うことではない。もしそうなると、他人から支配されることと同然になり、関係が窮乏して、縁起的実存は維持できなくなる。問題は自己の実存における構造的な条件として「他者」を発見することである。それは、実際の行動としては、たとえば「自他に共通の問題を発見して、共に取り組む」というスタイルになるであろう。

実存が縁起的に生成する土台は、この行動である。そして、仮にその行動から利害が生じるなら、そのときは一方的に自己が他者に利を譲る覚悟をするのだ。私はこの行為様式を修行者に可能な「慈悲」だと考える。

その典型的な行動様式を、道元禅師は『正法眼蔵』「発菩提心《ほつぼだいしん》」の巻で、以下のように述という。

「自未得度先度他」の行

「菩提心」とは、一般に「悟りを求める心」という意味だが、これについて禅師は次のように述べる。

このなかに、菩提心をおこすこと、かならず慮知心《りょちしん》をもちいる。菩提は天竺の音《おん》、ここには道《どう》という。質多《しった》は天竺の音、ここには慮知心という。この慮知心にあらざれば、菩提心をおこすことあたわず。この慮知をすなわち菩提心とするにはあらず、この慮知心をもて菩提心をおこすなり。菩提心をおこすというは、おのれいまだわたらざるさきに、一切衆生をわたさんと発願《ほつがん》しいとなむなり。そのかたちいやしというとも、この心をおこせば、すでに、一切衆生の導師なり。（『正法眼蔵（四）』一七七頁　岩波文庫）

注目すべきは「慮知心」という語である。それは思慮分別する知的精神のことであり、通常我々が使用する言語による思考を意味する。その思考によって菩提心を起こすというのは、菩提心が我々の実存と隔絶した次元から発生するもの、いわば超越的な存在ではないということである。それは若きゴータマ・シッダッタ青年の苦悩から仏教が始まった事実をなぞるものである。

その菩提心を、禅師はこう定義する。それは「自分が彼《か》の岸に渡っていないうちに、先に他の人々を渡らせること」である。

「彼の岸」とは、悟りや涅槃を象徴する語であり、煩悩の世界（此岸《しがん》）から修行によって向こうにある悟りの世界（彼岸《ひがん》）に行くと考えるわけである。

菩提心とは、まさにそのとき、他者が悟りを得、涅槃に入ることを優先させることだと、禅師は言うわけである。

さらに菩提心についての考察は続く。

この心、もとよりあるにあらず、いまあらたに欻起《くつき》するにあらず。一にあらず、多にあらず。自然《じねん》にあらず。凝然《ぎようねん》にあらず。わが身のなかにあるにあらず、わが身は心のなかにあるにあらず。この心は、法界に周遍《しゆうへん》せるにあらず。前《ぜん》にあらず、後《ご》にあらず。なきにあらず。自性にあらず、他性にあらず。共性《ぐうしよう》にあらず、無因性にあらず。しかあれども、感応道交するところに、発菩提心するなり。諸仏菩薩の所授にあらず、みずからが所能にあらず、感応道交するに発心するゆえに、自然にあらず。（同前書　一七七―一七八頁）

まず説かれるのは、菩提心がそれ自体として通常の我々の意識や思考、感性や感情と別なものとして存在するわけではないということである。菩提心はあらかじめどこかに内在しているのではなく、いま急に起こったこともない。数えられるようなものでもないし、自然に変化するものでも、凝り固まっているものでもない。我々の中にあるものではないし、わが身がこの心の中にあるのでもない。世界に遍在するものでもなく、何かの前や後にあるわけでもなく、だからと言って、無いわけでもない。

それ自体としてあるものでも、他のものに依存するのでもなく、その両方でもなく、原因が無いわけでもない。

このように言う以上は、菩提心は超越的実体ではないことは自明である。では、菩提心はどのように起こるのか。

そういう実体ではなくて、「感応道交」したところに、菩提心は起こる。諸々の如来や菩薩が一方的に授けるものでも、自分の力で起こすものでもない。感応道交した結果、菩提心が起こるのだから、自動的に起こるわけでもない。

他者への開け

このとき、「感応道交」とは何か。辞書的には、一方が感じると、他方がそれに応じる、そういう相互の交わりが自然に行われること。いわば宗教的次元の意気投合に近い意味である。それが仏と衆生の間、あるいは師匠と弟子の間で起こるわけである。

私は、この「感応道交」を、「彼は自分だ」と感じる関係性のことだと考える。この関係性は、お互いが目指しているところ、抱えている問題、取り組んでいるテーマ、そういうものが共有されている感覚において、自覚されるはずである。つまり、他者に自己を発見する感覚が、「感応道交」なのである。

人間の感情において、喜びや楽しみは初めから人の間に生じるのが、通常である。その感情は当事者一人で完結しない。なぜなら、喜びや楽しみ、嬉しさなどは、その根底には他者による肯定や承認があり、それを条件に成立する感情だからである。誰からも「よかったね」「がんばったね」「すばらしいね」「面白いね」と言われない行為を、我々は喜んだり楽しんだりすることはできない。一〇〇点のテストを誰からも褒《ほ》められず、誰にも評価されなくて、誰が一人で喜べるだろうか。誰かと一緒に「楽しいこと」としてその行為をすることなく、誰がそれを「面白い」と感じられるのだろうか。何の説明もせず、共にプレーもせず、野球を未開の奥地の先住民にやって見せたところで、彼らは、それが「楽しいゲーム」であるとは、絶対に思わないだろう。

これに対して苦しみや悩み、痛みなどは、通常当事者ただ一人の問題に感じられる。「経験したことのない人には、言ってもわからないよ」という言い方が、苦痛や苦悩については多用されても、喜びや楽しみについてなされることはほとんどない。これに対して、苦悩や苦痛については、たとえば「足を踏まれた者の痛みは、踏まれた者にしかわからない」などと、しばしば人は言う。

しかし実際には、それらも当然他者に媒介されている。痛みを「痛い」として感じるには、他者から「痛かったね」という言葉と共に共感や同情の態度を示され、それが「痛み」であると「教育」されねばならない。だが、我々はその事実をほとんど自覚することはない。

しかも、苦痛や苦悩が我々個々の事情や境遇を超えた、実存そのものの「苦」（なぜ生きるのか、なぜ死ぬのか、自己とは何か）の問題になると、それが日常に露出することは多くない。

しかし多くはないが、日常の中でこの「苦」を自覚する者はいる。もし日常が破綻すれば（大病、失業、離婚、死別等々の大きな衝撃）、大抵の者は自覚することになろう。このとき、自己の実存そのものの深みにおいて「苦」を発見するとき、それが仏教の問題になる。

このとき、その深みには自己を課す他者がいる。「苦」もまた、そもそも最初から他者によってもたらされている。だからこそ、「感応道交」は、まさにこの「苦」の共有を自覚することをもって成立すると、私は思う。

そして、菩提心はこの自他が共有する問題に立ち向かう意志として発動する。である以上、菩提心は閉じない。菩提心もまた共有されなければならないし、むしろ共有されることにおいて菩提心になり得るのだ。菩提心とは一切衆生に菩提心を起こさせることだと、『眼蔵』が言うゆえんである。

おおよそ菩提心は、いかがして一切衆生をして菩提心をおこさしめ、仏道に引導せましと、ひまなく三業《さんごう》にいとなむなり。いたずらに世間の欲楽をあたうるを、利益衆《りやくしゅ》生《じょう》とするにはあらず。この発心、この修証、はるかに迷悟の辺表を超越《ちょうおつ》せり。三界に勝出し、一切に抜群せり。なお声聞《しょうもん》 辟支仏《びゃくしぶつ》のおよぶところにあらず。(『正法眼蔵(四)』「発菩提心」一七八―一七九頁　岩波文庫)

このような菩提心は結局、どうやって衆生に同じような菩提心を起こさせて、仏道修行に導くか、自分の身の行、口の説法、仏道への志を動員して、常に全力を尽くすことなのである。ただ、世俗の満足を与えることを衆生の利益と考えるものではない。この発心、この悟りと修行の実践は、迷いの世界をはるかに超え、一切に抜きんでている、大乗以前の教えにある覚者たちの及ぶところではない。

以上のように説かれるという菩提心は、まさに自己による他者への開けである。禅定による自己の解体と、「自未得度先度他」を究極とする他者への開け、この二つの実践が反復される工夫によって、「自己」という縁起的実存は充実する。

それは、結果的に「なすべきことをなした」という実感となり、これが積み重なれば、「道環」のプロセスが現成する「死の受容」があり得ると、私は思う。

ブッダは臨終迫る病床で、出家を切望する遍歴の行者を生涯最後の直弟子として、こう告げた。


スバッダよ。わたしは二十九歳で、何かしら善を求めて出家した。

スバッダよ。わたしは出家してから五十年余となった。

正理と法の領域のみを歩んで来た。

これ以外には〈道の人〉なるものも存在しない。（『ブッダ最後の旅』一五〇―一五一頁　岩波文庫）

ニルヴァーナは、まさにこの「道」の先にある死なのである。
では、この道の途上に、なすべきこととは何か、次はそれを考えよう。

第二部　実践篇

第八章　出家と戒律

本章からは、これまでに述べてきた考え方にたどり着く、あるいはその考え方から始まった、いくつかの重要な実践の問題を検討していく。

まずは、出家について考える。それはまさに仏教の原点なのだ。

出家と家出

時々、出家したいという人が私のところにやってくる。

しかし、私に言わせると、そのほとんどは家出願望であって、出家志願ではない。家出と出家の違いは何か。

家出は、今ここにいるのが嫌だから、どこか別のところに行きたいというだけの話である。要は、出るところまでは考えているが、出て何をするかはまるで決まっていない。

私に出家したいと言ってくる人も、出家して何をするのか、何をテーマに出家するのかについては、まずノーアイデアである。私が訊《き》いても即答できる者は、いないと言っても過言ではない。

何かをなすために家を出るのが出家である。ブッダが回想して「何かしら善を求めて出家した」というゆえんである。つまりは、それまでの生き方を否定して、別の生き方に転換する作業なのだ。

ブッダの周辺に彼を慕う人々が集まり、共同体（サンガ・僧団）が形成された後は、家を出て、教団に入ることが出家である。そして、その教団の持つ規律と方法に従って、自己の再構成に取り組むわけである。

仏教でいう「戒律」とは、教団の規律（禁止事項と規則）のことであり、ブッダの初期教団成立以後は、出家と受戒は不可分のセットになる。

出家という行為の基本的な意味は、性交渉を断って家族をつくらず、生産労働を一切行わず、生活を在家者の寄付に全面的に依存することである。

出家という方法の効果

我々が何かをしたいとき、やらねばならないと思うとき、一番効率的で集中力を維持しやすいのは、自らが責任を負うべき他人（家族）をなるべく少なくし、生活費を稼ぐ心配をしなくてよい状態をつくり出すことであろう。

性交渉を断つことは、それに費やされる生理的エネルギーと他人との関わりを節約することになる。

また、寄付をする在家も、一切生産活動をしない出家者の家族の面倒までみる気は起こらないであろう。

仏教は苦行を否定しているのだから、マスターベーションまで禁ずるような性欲の完全否定が修行に本当に必要なのか、私は疑問ではある。

ただ、在家者に生活物資を全面的に依存する以上、自分の欲望を犠牲にする努力で取り引きする以外にないだろう。その努力を多として、在家者は出家者を支えるわけだ。

犠牲にする欲望は、誰もが持っていて、その犠牲が辛いものであればあるほどよい。すると、動物の本能的欲求が一番適当だろう。すなわち、食欲・性欲・睡眠欲である。

このうち、完全に禁欲しても死なないのは性欲だけである。したがって、性欲の完全な断念は、在家へのアピールとして最も強力で、最適だと言えよう。

では、修行の効率と在家へのアピールとは違う、出家の思想的意味はあるのか。

けだし、それは「人間性」の否定である。

在家者であることとは、要するに「普通の人」であることと同義である。家族を持ち労働すること、それは人間の「普通」の生活の内実である。仏教はそれを否定する。

解脱して成仏するとは、根本的に「ありのまま」の人間であることを肯定しないという意味である。つまり、仏教はヒューマニズムではない。

「人間」という実存、人間の在り方には原理的な欠陥があり、それを解決しなければならないと考えるのが、仏教の基本認識であり、その認識の実践が出家なのである。

出家は悟る条件か

ブッダは出家して悟った。である以上は、我々も是非とも出家しないと悟れないのか？必ずしもそうは言えない。在家人が悟った例が、ブッダの最初期の直弟子にいるからである。

『律蔵《りつぞう》』「大品《だいほん》」には、初転法輪の直後、資産家の息子であるヤサが、ブッダの説法を聞いて解脱したエピソードがある。彼は、解脱してから、出家したのだ。ということは、出家は悟りないし解脱の絶対条件ではない。

さらに生産活動の禁止にしても、中国禅宗は自給自足の修行道場（叢林《そうりん》）を組織した。そして、修行の概念をその生産活動にまで拡大する道を選択した。ちなみに、彼らの「悟り」に関する語り口は、たとえば上座部の言う「悟り」や「（有余）涅槃」とほとんど同じである。

とはいえ、確かに言えることは、出家の方が在家よりもはるかに修行に有利であり、である以上は悟る可能性も高いということである。

道元禅師は言葉を尽くして出家を賞揚し、出家しない限り成仏はないと断言しているのだが、その一方で、禁戒（この場合は主として性的禁欲だろう）を護持する在家者よりも、破戒の出家者の方がすぐれている、と言う。すると、禅師の言い分では、出家の核心に性的禁欲はないことになろう。

道元禅師が強調する出家の核心的意義は、個々の性行為の否定ではなく、家族を持たず僧団に所属して修行する生活スタイルそのものにある。それが修行者の実存を具体的に生成し担保すると、禅師は考えるのだ。

その意味で、現在の日本の伝統教団がいずれも、僧侶の志次第で生涯そこで修行できるような、終身制の僧院を事実上（建前はともかく）持っていないことは、私としてはまことに残念である。

特に、長らく地縁血縁を基本原理として共同体を編成してきた日本においては、「独身」は基本原理に背反する行為として、周囲の批判的視線にさらされやすく、僧侶でさえその例外ではない。

とすれば、僧侶の不淫・独身は、個人の意思の問題とするよりも、制度化の上で集団として実行する方がはるかに容易である。

私は終生独身の修行生活を望む者が今でも一定数いることは間違いないと思うし、そのような僧侶の制度的確保は、教団の組織力を確実に向上させるだろう。

なぜなら、日本の伝統教団のほとんどの僧侶は妻帯しているからである。この状況における一定数の独身僧侶の存在は、教団組織における最も基本的な多様性の確保であり、それこそが教団の将来にさらなる活力を与えると、私は考える。

このことについて、道元禅師の言葉を紹介したい。

禅師は、最近凡百の僧侶は、「小乗声聞（上座部の僧侶のこと）」の戒律を基準にして、大乗の菩薩僧の在り方（威儀進止）の是非を判断していると言って、これを批判して以下のように述べる。

大宝積経《だいほうしゃくきょう》の中で、釈迦牟尼仏《しゃかむにぶつ》は「声聞がその戒律を護持していることは、大乗の菩薩僧においては破戒である」と。

ならば、小乗の声聞僧が自分は戒律を護持していると思っていたとしても、大乗の菩薩戒に照らしてみれば、それは破戒に他ならない。戒律ばかりではない、禅定も悟りの智慧も同じで、不殺生など、戒律の外見が似ていても、それは違うのだ。（『正法眼蔵（三）』「三十七品菩提分法」三〇七頁　岩波文庫）

道元禅師が出家を強調しながら、このように「小乗」と「大乗」を峻別《しゅんべつ》するなら、「小乗」型僧団を唯一無二の形態だと考える必要はなく、私が考えるような多様性を内包した教団の形態も、可能性としてありうべきだと思う。

そこであらためて述べておきたいのは、妻帯し家族を持ち生産活動をする僧侶と僧団が、日本以外にも世界には存在することである。つまり、厳密には出家とも在家とも言いかねる仏教者の存在だ。

現在世界で活動する仏教各派で、僧侶の妻帯が許容されているのは、私の知る限り、日本のほとんどの教団と、チベット地域で「ラマ僧」と呼ばれる集団、韓国仏教の一部に過ぎない。それ以外は、上座部仏教・大乗仏教を問わず、独身制が圧倒的多数派である。

それを踏まえて、修行道場において約二〇年間、性交渉と生産活動に無縁だった私に言わせてもらえば、これまで「ラマ僧」以外の国内外ほとんどの宗派の僧侶に会ってきたが、その経験からして、性的禁欲や生産活動の禁止は、僧侶個人の在り方に大きく影響することはない。それらの禁欲が特に優秀な修行僧や指導者をつくるわけでもない。

あえて例を挙げてわかりやすく言えば、上座部の僧侶にしても日本の伝統教団の僧侶にしても、尊敬に足る者もいれば、これはダメだとしか思えない者もいる。その差に、二つの禁欲はほとんど関係ない。

決定的な差が出るのは、そんなことではなく、僧侶自身の発心・覚悟の強度と、教団の教育・養成システムの違いからである。この事情は結局、どんな「業界」でも同じであろう。

けだし、出家という行為の核心は、ただの禁欲ではない。そうではなくて、従来の生き方を転換して、自己の実存様式を改造することである。禁欲はそのための非常に有効な方法ではあるが、それ自体は目的でも必要条件でも十分条件でもない。

では次に、そのような転換の最初のステップとしての受戒を検討する。

受戒の意味

受戒とは文字通り戒律を受けるということで、仏教の場合は戒と律で意味合いが違う。戒は僧侶の善行・悪行を決する行動規範であり、自らの意志によってまもるべきものであって、律は教団によって課される生活の規律であり、教団の運営規則である。

ということは、ゴータマ・ブッダ自身は受戒して修行僧になったのではないということだ。彼は単に出家して、修行して、悟った。その彼を慕う者が集まり、ブッダが自身の下で修行することを許したとき、その許可のときが僧団の始まりである。

ブッダの下で出家したいと望んだ最初の弟子たちの受戒は、次のようなブッダの言葉だったという。

比丘たちよ、来たれ。教えはよく説かれた。正しく苦しみを滅し尽くすために清浄な修行を行え。（『原始仏典（一）　ブッダの生涯』七七―七八頁　講談社）

おそらく、実際はもっとシンプルな言葉、「ついて来なさい」「一緒にやろう」のようなものだっただろうと、私は思う。

修行僧が集まり共同生活が始まれば、規範や規則が必要に応じてできる。必要なければできない。修行僧が誰も盗みをしなければ、僧団は盗みを禁じる規則をつくるまい。事実、戒律は事件が起こったとき、それに応じて制定された。戒律を説く経典には、制定の理由が具体的に語られている。

ブッダの膝下《しっか》に僧団が形成され、戒律が備われば、新たに修行を志す者は僧団に所属することを求められるから、入団の際に戒律を理解した上で遵守を誓わなければならない。これが受戒の基本的な意義である。

ブッダの入滅後、僧団は分裂・多様化して、各派僧団がそれぞれに戒律を持つようになる。現在に伝わる仏教の戒律で代表的なのは、上座部が採用する比丘戒（二百五十戒）・比丘尼戒（三百四十八戒）、大乗仏教の『華厳経』「十地品《じゅうじぼん》」に出る十善戒などである。

ちなみに日本では、最澄が上座部系の具足戒（比丘・比丘尼戒）を捨て、中国で制作された大乗経典『梵網経《ぼんもうきょう》』に出る、十重四十八軽戒（大僧戒）のみを採用するという独自の道を拓いた（他の国の大乗系僧侶は具足戒も受けているのが普通である）。

これら戒律の各条項を学び、その護持を誓うことで各派僧団に入門し、正式の修行僧になるのである。

このとき、すべての戒の土台となるのがいわゆる「三帰依」と呼ばれる誓いである。すなわち、「ブッダ（仏）に帰依します」「ダルマ（法・教え）に帰依します」「サンガ（僧団）に帰依します」と、僧団メンバーに宣言するのである。この帰依こそが、出家志願者がこれまでの自分の生き方を根本的に転換する行為なのである。

我々の実存は、他者から一方的に課されることによって始まる。身体も名前も自分で調達していないという事実が、「課す」「課される」行為における自己と他者の現成を示唆している。

「他者から課される」という事態が「自己」の縁起的生起なのであり、「自己を課す」行為においてのみ、「他者」は縁起的に実存する。

自己は課す他者を選べず、どのように課されるかにも介入できない。「誰であるか」「どのようにあるのか」は他者に決められるのである。それ以外に我々の「自己」は始まり様がない。

帰依は、そのような「これまでの自己」の実存様式を根本的に転換することである。それはブッダ、ダルマ、サンガを拠りどころとする「自己」の改造・再編成なのだ。

修行僧であることを課す他者は、今や自己が選ぶのである(発心)。その他者は究極においてブッダであり、修行者の実存を決める具体的な思惟と行為の仕方は、彼のダルマに従う。そのような「自己」の実存様式を維持する力は、修行者としてのアイデンティティーを僧団が承認することから得るのである。

我々は「自己」を「自己」によって始めない。常にすでに始まってしまっているのが、「自己」の実存である。すなわち、我々は我々の誕生に関して全く責任がない。

帰依とは、この実存の仕方を完全に転換する。出家者は、仏教を選ぶことによって、自らに「自己」を課す。新たな存在の仕方を選択する。すなわち、仏教をテコに、「自己」が「自己」を「自己」として開始する行為が、帰依なのである。この決断において、彼は主体性を獲得し、自らの実存に責任を負うことになる。私が考える「自業自得」は、この帰依から始まる。

したがって、三帰依を土台とする個々の戒律も、他者からの禁止ではなく、自らの意志としての誓約だと考えるべきである。すなわち、僧団に加入し修行僧になるという意志に基づいて、自らが誓約し意志した行動規範が、個々の戒律なのである。だから、仏教の戒律においては、「殺してはならない」のではなく、「殺さない」のだ。

戒律の意味

では、帰依の後、全仏教僧が遵守を求められる最重要の戒を紹介して、その思想的意義を考えよう。

検討したい戒律は三つである。

一、殺さない。
二、盗まない。
三、嘘を吐《つ》かない。

これら三つの戒は、僧侶に限らずおよそ人類に共通する禁止事項であり、道徳であろう。

道徳が共同体の秩序の問題だとすれば、その根拠、つまり道徳が提示する善悪判断の根拠を問うのが倫理である。人を殺してはいけないと言い聞かせるのが道徳であり、なぜ人を殺してはいけないかを問うのが倫理なのである。

だとすれば、仏教は三つの戒の根拠をどう考えるのだろうか。

このとき、先述の通り、仏教の戒は本来僧団の内規である。したがって、修行の便宜や教団の護持に資する行為が善で、それを妨げる行為が悪だ、という理屈が善悪判断の根拠として出て来ることは、容易に想像がつく。

たとえば、僧団内で殺人が起これば、内部の混乱はもちろん、司法権力の介入まで招き、修行は停滞し僧団は危機に瀕するだろう。

確かに仏教の戒には、一般社会と共通するものもあれば、まったく独自の条項もある（たとえば性交の禁止）。したがって、僧団の内と外を峻別して、僧団のみの論理で善悪の根拠を自足させるのは、アイデアとして当たり前と言えば当たり前だろう。

しかし、私はそれで事はすまないと考える。

すべてが教団の中の話ですむなら、それで結構だろうが、僧団は社会の中に埋め込まれている。彼らは別に、山奥に籠《こも》って在家一般と絶縁して修行生活をしているわけではない。実情は正反対で、生活を全面的に一般社会・在家信者に依存している。すると、困難な問題が出て来るだろう。

一つは、ある社会体制があって、そこでは極悪非道な権力が支配していたとして、その権力側から「逆らわなければ僧団は保護する」「逆らうなら弾圧する」と言われたときにどうするのか。

たとえば、政権に抵抗する国民を暗殺したり、反対勢力を虐殺するような政治権力に対して僧団が異を唱えたときに、僧侶が逮捕されて、寺院はことごとく破壊されるようなことになるとすれば、その権力の支配に従うのが善なのか、それとも悪なのか、という問いが出来《しゅったい》するであろう。

この問いに対して、「いや、知りません。とにかく修行を進めるのが善で、そうでないのは悪ですよ」と言い張るとしたら、まるでナンセンスにしかならない。それはすでに戒律の護持ではなく、暴虐な政権の支持に過ぎない。

昭和の戦争中に伝統教団がどれほど「軍国主義」政権に迎合し、「戦争の大義」を賛美したかは、改めて指摘するまでもない。今後も仏教が倫理問題をこれまで通りに回避し続ければ、迎合の過去が将来繰り返されない保証はないのである。

もう一つの問題は、内側の善と外側の善を切り分けた結果、内側の善が「独善」と化して暴走することである。たとえば、殺人行為を僧団内で禁ずるのは修行の妨げになるからだという理屈は、「じゃあ、修行を増進する殺人はいいのか」ということになりかねない。それは、まさにあのオウム真理教の「ポア」に通じる。

そういう、誰が考えてもすぐわかるような問題を、ただ僧団の内外を切り分け、「世間のことは世間に従えば善く、修行僧は修行のみに専念するのが善」と言い張ることで、素通りしていくことができるだろうか。してよいのだろうか。

私は倫理の問題を僧団内部に閉じ込める方法を取らない。なぜなら、倫理の問題は仏教のみならず、宗教において自らの存在理由にかかわるからである。

たとえば、「人を殺してはいけない」という禁止は、「人は生きているほうがよい、生きているべきだ」という判断が前提だろう。

しかし、人が生きていたほうがいいのか、いけないのかなどということは、論理で割り切れるものではない。要は信念、はっきり言えば思い込みなのだ。である以上、アカデミックな、あるいは科学的な理屈の問題ではなく、まさに宗教の問題である。

だから、倫理を問えば、最終的な局面で宗教が現れてくるのは間違いなく、宗教がその問いを受け止めなければ、社会の中での自らの根本的な存在理由を失うだろう。

そこで以下、既述の三つの禁戒について、その根拠を無常・無我・縁起の立場から考えてみたい。

「殺さない」と通り魔事件

初期経典によれば、この戒がブッダによって制定された機縁は、弟子の自殺である。他殺事件ではない。

早く解脱して涅槃に入ろうと望んだ弟子たちが、ブッダの留守中に自殺したり互いに殺しあったりして、多数が死んでしまったのである。帰ってきたブッダがその惨状をみて、制戒したわけである。

となると、「殺さない」という戒は、自己の在り方そのものから考えられるべきであろう。そこで私が参考としたいのが、奇しくも同じ二〇〇八年に起きた二つの通り魔殺人事件である。

まずこの年の三月、茨城県土浦《つちうら》市のJR駅頭で、不特定多数を殺傷する事件が起きた。事件も衝撃的だったが、さらに世間に脅威を感じさせたのは、犯人の金川真大元死刑囚(二〇一三年刑執行)が公判で行った発言である(水戸地裁第三回公判)。

それはまさに、「他者に課された自己」という人間の実存様式の根源にかかわる問題だったと言えよう。

彼はまず、善悪の区別がつくのか? と問われて、「常識に照らせば」と答え、「常識を取り外せば」と重ねて問われると、「善悪自体存在しません」と言う。

このほかにも彼は、様々に問いかける相手に、「常識を通せば」「常識で考えれば」と枕詞で言いながら、そのたびに、「常識外」の考えを述べた。つまり、「常識」は理解できるが、自分はそれを拒絶しているのだ、と言いたいのである。

それはすなわち、「常識」を規定する「他者」の拒絶であろう。さらに言うと、拒絶しても構わない程度の関係しか「他者」と結べてこなかった、ということなのだ。「自己」の存在が「他者」との関係に由来するというなら、この拒絶は、存在を著しく劣化させ、空虚にしていくことになるはずである。

だから、彼は殺人を「蚊を殺すことと同じ」と言い、罪の意識がないのかと問われれば、「ライオンがシマウマを食べるとき、シマウマに悪いと感じるのでしょうか」と答える。「他者」を拒絶している以上、我々にとっての「他者」は、彼のカテゴリーにおいては「他者」でも「人間」でもなく、物や動物に等しいわけだ。

たまりかねた相手は「あなたは自分で無理していない？」と問うが、これに被告は「していません。ウソ発見器を使ってもらっても構いません」と答えた。

私は、この「ウソ発見器」云々に、彼の殺人が一種のイデオロギーであることを感じる。つまり、あえて「ウソ発見器」などと言い出すのは、それが「主張」だからである。

どういうことか？　被告は「生きている意味」を感じなかったかもしれないが、「自己であることの欲望」は持ち続けているということである。つまり、他者を拒絶した彼が、にもかかわらず「自己であること」の根拠として持ち出してきたのが、自分は善悪を超えた存在であるという「理念」なのである。その「理念」を主張し現実化して、「自己」を根拠づける行為が無差別殺人だったのだろうと、私は思うわけだ。

だから、「死刑になりたくて殺人を行った」という「不可解」な発言が出てくる。ならば「なぜ自殺は考えないのか？」と言われると、被告はなんと、自殺は「痛いから」イヤだと、まったくナンセンスな答え方をする。絞首刑も「痛い」だろうに。

ここで彼が言いたいのは「痛い」かどうかでは全くなく、「自殺では意味がない」ということなのである。なぜなら、彼の場合、「自己であること」を欲望していることには、終始一貫、いささかの変わりもないからだ。

ところが、「自殺」はまさに「自己であること」の否定になってしまい、彼のイデオロギー自体を無意味にする。したがって、死刑という他殺による死は、「常識」が提示するような、どうでもいい「生きる意味」を否定しつつ、「自己であること」を肯定する唯一の方法、ということになるわけである。

彼が「運命についていろいろ考え」て、「人の未来は決まっている」と「悟った」と言うとき、彼の殺人がイデオロギーの実践であることは、もはや明らかであろう。「他者」を拒絶して「運命」に「自己」を託す、ということなのだ。

この事件のおよそ三ヵ月後、秋葉原連続殺傷事件を起こした加藤智大死刑囚には、友人がいたにもかかわらず、いや友人がいるが故の、他者への絶望があり、絶対零度ともいうべき孤独を感じる。

現実の人間関係において、彼は自らの存在が肯定される実感をついに得られず、携帯サイトの中にあっても最後は孤立した。犯行前に「夢…ワイドショー独占」と書き込むとき、ここに他者から承認されることへの飢餓の如き渇望を見るであろう（『秋葉原事件　加藤智大の軌跡』中島岳志、朝日文庫）。

絶望は拒絶ではないから、彼の場合は当時、多くの同じような境遇の若者の共感を引き起こしたのである。

したがって、他者を拒絶した金川被告の方には、共感は集まりにくいだろう。その代わりあり得るのは、イデオロギーを持つ者の割り切れた潔さを「カッコイイ」とする、共鳴者や支持者である。

「他者から課された自己」の倫理

この二つの通り魔事件からは「他者」との関係から「自己」を起こしていくことができなかった人間の在り方が、悲劇的な典型として見て取れる。彼らは「他者に課された自己」を受容できず、その圧力に耐え切れなかったのである。

この実存様式を受容するには、誕生以来、継続的に「課す」他者による「課される」自己への肯定や承認が必要である。あまり気に入らないお仕着せの服を我々が着る気になるのは、他人から似合うと十分に褒められたときだけである。

肯定を欠けば、「他者から課された自己」という実存構造は重圧にしかならない。それが極まれば、解決法は二つしかない。

一つは、他殺によって他者を抹消することで、構造を無意味にすることであり、もう一つは、自死して構造から解放されることである。

通り魔殺人者が「誰でもよかった」と言うのは、特定の他人に恨みがあるのではなく、自己の実存の構造的かつ致命的な条件としての他者に、ついに耐え切れなかったからである。

このとき、我々が注目すべきは、この他殺と自死の根源的な関係性である。時に言われる「死ぬ気になれば何でもできる」という文言は、「何でも」と言う以上は殺人も含まれる。つまり、自死の意志が殺人を許容するのだ。

ならば、殺人の原理的な禁止は、自死の否定によって可能になる。「死ぬ気」を捨てない限り、原理的に殺人ができるのだ。すなわち、「他者に課された自己」という実存様式を受容する決断が、自死と他殺を自らに禁じるのである。

そしてまさに殺人の禁止こそが倫理の根源にあるとすれば、このような「自己」を受容する決断、いわば「自己」への意志こそが、すべての善なるものの根拠なのである。

したがって、実存様式としての「自己」が終焉《しゅうえん》を迎え、消失するなら、そのとき倫理も終焉し消失する。ニルヴァーナに倫理は無いのである。

「盗まない」と所有

この戒の制定は、僧団と一般社会の間に起きた事件が機縁である。自分の住居を造ろうとした修行僧が、国王が宮殿を修理するために備蓄していた木材を、無断で持ち去ったのだ。

　これが僧団内の事件でないことは、注目に値する。僧団内では修行僧が原則として生活に必要な物しか持たないから、物は使用中か使い切ったかであって、ほとんど盗む余地がない。しかも、必需品は僧団の責務としてメンバーに供給しようと努めるだろうから、あえて盗むまでもない。

　したがって盗難が問題になるのは、当座必要ではない物、すなわち余剰物か貯蔵物である。所有行為が問題になるのも、まさにこれらの物についてである。

　必要な物はすでに使用という行為において帰属が決まってしまう。必要と使用から離れた物であるから、誰に帰属するかは制度的に規定されない限り安定しない。ある者にとっての「余剰物」が別の者にとってぜひ必要な物であっても、その必要を無視してそれを余剰とする者に帰属させて、初めて原理的に「所有」の意味が実現するのである。

　所有行為の正味の意味は、「自分の思いどおりにできる」ことである。だとすれば、それは当面の必要と使用から離れているからこそ可能なのだ。「必要に迫られて」いては、「思いどおりに」できない。このような所有行為の対象になる物こそが、同時に盗難の対象である。

ということは、「盗まない」という戒は、根本において所有行為そのものを問題にしているのである。「盗まない」意志の貫徹は、所有行為の意味と成立条件を明らかにして、行為自体を無効化することなのだ。

所有の虚構性は、「思いどおりにする」所有主体の実存に根拠が無いことによって、原理的に証明される。「自分の物」と言っても、「自分」の実存に実体が無く、「思い」それ自体を保証する根拠が無ければ、所有行為は成り立たない。

だからこそ、共同体内の合意に基づいて制度化しなければならないのである。つまり余剰物をめぐる諸々の関係性を確定して、「所有」概念を析出する他はない。

むしろ、すでに述べたとおり事情は逆で、「思いどおりにする」所有行為が、根拠無き「自己」の実存に根拠を錯覚させているのである。

貨幣の忌避

所有が錯覚であり、その錯覚が大きな問題を引き起こすことは、初期経典にある戒律が、修行僧が貨幣に触れないように定めていることからも、容易に知られよう。

貨幣それ自体はただの紙であり、ほぼ無価値である。しかしそれが市場の取引関係を媒介する役割を負わされた結果、それ自体に価値があるかのように錯覚される（何とでも交換できるもの）。

市場経済社会では、貨幣の「何とでも交換できる」機能は、「思いどおりにできる」という力の実質的な意味になる（「金が無いのは首が無いのと同じ」という諺）。するとそれは、「何でもできる」という意識を喚起する。その結果、貨幣への欲望は際限がなくなるであろう。なぜなら、その欲望は具体的な物に向かっているのではなく、「思いどおりにできる」という観念、すなわち所有の欲望それ自体に向かっているからである。

関係性として存在するものを実体視することが「無明」であると言うなら、貨幣はその最もわかりやすい事例と言えよう。仏教が所有行為を厳しく批判する所以である。

「嘘を吐かない」と他者のわからなさ

この戒の制定の機縁は、ある修行僧たちが悟ってもいず、神通力も持っていないのに、悟りや神通力があるかのようにお互い讃えあって、信者から多くの供養物を得たことである。

この戒は、宗教者の宗教者たる所以にかかわる、極めて重大な問題を提起する。

つまり、悟りとか神通力（過去や未来が見える、というような）などは、客観的事実として誰にも、いかようにしても、検証できないからである。非常に特殊な個人の心理状態に帰せられる事柄は、所詮本人以外に本当かどうかわからない。初期経典で、この戒については、修行僧が自分で告白しない限り罪を問えないとしているのは、そのためである。

仏教の修行は修行者本人の覚悟と志の問題であり、誰かから強制されるものではない。ならば、悟りや神通力で他の修行僧や信者を偽る行為は、修行そのものを無意味にする。それでも虚言を続けるのは、別の理由、たとえば金品や名声への欲望のような、もはや仏教とは無縁なものであろう。真剣な修行僧なら、この無意味さと矛盾に耐え切れず、ついに告白するはずだと、経典では考えられているのである。

しかし、考えてみれば、これは悟りや神通力だけの話ではない。なぜなら、我々は他者の心理、つまり感情や考えが、根本的には「わからない」からである。

危機的実存としての「自己」

これは昨今のＡＩ、特にロボットをめぐる問題に先鋭に現れる。

すなわち、人間の振る舞いを完璧にコピーできるロボットには、「心がある」と言ってよいのか、という問題である。

これはまた、他人に自分と「同じ心」があるとなぜわかるのか、という問いに転化する。

これらの問いには、確実に検証し判断して答える術《すべ》がない。なぜなら、この問いに答えるには、「心」「心理」、とりわけ「意識」とは何であるかを答えることができなければならない。が、それは原理的に無理である。

「意識とは何か」という問いに答えようとするには、「意識」を研究の対象にしなければならず、その対象化がまさに意識の機能だからである。とすれば、事は無限遡及《むげんそきゅう》に陥るしかない。

我々が他人を「自分たちと同じ」人間だと思える最も基本的な要件は、言語による意思疎通ができる（ように感じられる）ことである。言葉が通じるという事実が、「同じ心」の存在を仮設しているのだ。

ということは、原理的に「同じ心」があるかどうか「わからない」他者と関係をつくり出すということは、そのたびに他者の言葉に賭けることである。相手の心が「わからない」ままで、その言葉に賭ける。それを知っているから、人は嘘を吐ける。嘘が可能なのは、他者が原理的に「わからない」存在だからである。

にもかかわらず、我々が「他者に課された自己」という実存様式以外では生きられないとすれば、嘘は他者との関係をつくり出す行為に致命的なダメージを与え、「自己」の実存を大きく毀損する。「嘘を吐かない」ことが戒とされる実存的意味は、それである。

思うに、嘘は自己の実存の危機的状況を浮き彫りにする行為であり、というよりむしろ、自己が常に危機的であることを暴き出す行為なのである。

第九章　坐禅と基本的修行

かくのごとく出家し受戒して後、仏教が修行として提起する実践とはどういうものか、次はこの問題を検討する段取りである。以下では、その核心として坐禅、および「八正道」「六波羅蜜《ろくはらみつ》」としてまとめられた実践法を取り上げる。

坐禅の捉え方

本書の思想篇において、ゴータマ・ブッダ自身が「悟り」や「涅槃」が何であるか、確たることを一切語っていない以上、結局それは「わからない」ことで、誰が何を言っても、それがブッダの「悟り」や「涅槃」と同じなのかどうかは証明できない、と述べておいた。

ところが、「悟り」や「涅槃」については、確たることは何も述べられていないにしろ、「悟り」「涅槃」と呼ばれる事態が起こったとき、ブッダが何をしていたのかは、明確に経典に記されていて、この点については昔からほとんど疑義がない。ブッダはある身体技法を用いて坐っていたのである。以後、その技法は多くの場合「瞑想」「禅定」「坐禅」と称されて様々な語り口で意義づけられてきた。いわく、「九次第定」「ヴィパッサナー瞑想」「止観《しかん》」「阿字観《あじかん》」、エトセトラ。

すると、当然の成り行きとして、その坐る技法が「悟り」「涅槃」に達する手段なのだと、仏教者は皆考えるようになる。

となれば、その坐法が最終的にどういう心身状態、境地に導いていくかが問われ、その境地をブッダの「悟り」「涅槃」と考えてよいかどうかが、最終的な問題になるだろう。

しかし、ここで私は、ある坐法を、「悟り」「涅槃」と呼ばれる特定の心身状態に到達するための手段と考える、上述の立場を取らない。そのようなアイデアは、特定の心身状態を存在論的に特権化して、結果的に「超越的理念」、あるいは「絶対的真理」と錯視することになり、無常・無我の考え方に背反するからである。

そもそも、「悟り」「涅槃」を経験可能な変性意識的状態だと言うなら、それは瞑想や坐禅でなくても、自己催眠や薬物でも作り出せる。その上、それが特定の意識状態のことだとすれば、ブッダが最終的に否定した「無所有定」や「非想非非想定」と区別できないし、区別する実質的な根拠も無い。

ならば、坐禅とそれが導く心身状態を、私はどのように考えるのか。以下に写真を示しながら具体的に述べてみよう。

「正身端坐」の坐禅

まず、どのように坐るのか。私は道元禅師門下なので、坐禅する場合の具体的な足の組み方・手の組み方・姿勢づくり、こういったことは、禅師の『普勧坐禅儀』や『正法眼蔵』「坐禅儀」に従う（ただ、組んだ手を左足の上に置くとあるが、必ずしもそれにこだわらず、下腹に手を引きつけ加減にしながら、ごく自然に肘が伸びて静止する位置にしておけばよいと思う)。これには解説本もたくさん出ているので、本書での紹介は割愛する。

私が強調しておきたいのは、それらの書物の中で道元禅師が言及する「正身端坐《しょうしんたんざ》」ということの意味である。

私はこの語を、身体状態に関しては、以下のように理解している。

①なるべく正式の足の組み方「結跏趺坐《けっかふざ》」を用いる。(一六六頁〜写真1・2)

②数回の深呼吸後に息を調えてから、ゆっくり左右に体を振り、上体の中心線を定める。(写真3・4)

③上半身を真っ直ぐにする(写真5・6)。左右に傾かない、前かがみにならない(写真7が悪例)。後ろに反らない。(写真8が悪例)

④徹底的に力を抜く。筋肉の緊張を解く。できるかぎり楽に坐る。

⑤呼吸をとにかく深く、可能な限り微弱な状態に安定させる(腹式呼吸)。

このとき、最終目的は⑤であって、そのために①から④が必要なのだ。

①について重要なのは、「真っ直ぐ坐る」と言われたからといって、胸を張り腰を入れて、弓なりに反りかえるような姿勢になってはダメだ、ということである。

坐禅の経験や学習が足りない者が指導すると、すぐに胸を張れ、腰を入れろ、頭で天井を突くような気持ちで坐れなどと言うが、これは坐禅の仕方として、拙劣極まりないものだ。

私が大切だと思うポイントは、まず、両耳が両肩の真上にくるようにして、顎を軽く引く。次に肩をやや内に入れ加減にする。そして、腰を入れるのではなく、伸ばすような具合にする。

因みに、目は半眼にして視線を一メートルほど先に落とし（見つめるのではない）、舌を上顎につけて口元を引き締め、口腔内に空気が残らないようにして、鼻を通じてのみ呼吸を行う。

これらのポイントは、とにかく筋肉に余計な力を残さないことだ。究極の理想を言えば、筋肉の支えを借りずに、骨格のバランスだけで「正身端坐」の姿勢を作ることである。

頭の位置がさだまり、顎が引かれると、喉や首回りの緊張が抜け、胸を張らず肩を入れると、胸の筋肉全体が緩む。

また、力を加えて腰を入れたりすると、全身にその力が波及して、無駄な疲労が蓄積さ

1

2

3

4

5

6

7

8

9

10

れる。かといって、腰が抜けた状態になると、前かがみになる。

前かがみになるとよくないのは、気道が圧迫されるのと、頭が前に落ちて首から背中にかけての筋肉が緊張し、身体的に疲れやすくなること。それとどういうわけか、余計な想念が出てきやすくなることである。

これを避けるには、腰を軽く伸ばすように最小限の力をかけるように心がけることである。若干の猫背は許容範囲だ。

もう一つ注意すべきなのは坐禅中の手の形で、これを「法界定印《ほっかいじょういん》」という。(写真5)

このとき、親指に力が入ってしまうと(写真9)、胸回りの筋肉に余計な負荷がかかるし、逆に親指の力が抜けて下に落ちると(写真10)、坐禅から気が抜け、意識が混濁したり雑念が起きやすい。そうならないために、親指同士が軽く接触する楕円形を保たねばならない。

そして最終的には、肩・肘・手首・膝・足首から、関節を緩めるような気持ちで、意識的に力を抜き取る。

今述べたすべては、深く静かな呼吸状態を作り出し、維持するための技法である。とにかく気道を圧迫し、呼吸に負担がかかるようなことは絶対に避けねばならない。

「非思量」の坐禅

次に「正身端坐」の精神状態（「非思量」）については、次のように導いていく。

まず第一段階では、上記の身体状態を作り出し、これを安定させることに意識を集中する。余分な力がどこかに残っていないか点検し、姿勢のブレを正すことが必要である。ただし、呼吸は、これを意識的に静めようとすると、かえって荒れることが多く、むしろ身体状態の安定に集中していけば、それにつれて自然に呼吸も落ち着いてくることがわかるだろう。

身体状態の安定がある程度得られたら、第二段階として、意識の方向を変え、最初に聴覚に向ける。

どうするかと言うと、あらゆる音を無差別に、吸い取るように「拾う」のである。何の音かは一切判断しない。言わば、「聞く」のではなく「聞こえている」だけの状態に持ち込むわけだ。そうすると、最初のうちは、自分のまわりにはこんなにも音が満ちているのかと驚くだろう。

これが深くなると、普段なら絶対に聞こえない程度の音が聞こえてくる。たとえば、線香の灰が落ちる音など（以前対談した玄侑宗久《げんゆうそうきゅう》師も言っていた。禅僧には多い経験だと思う）。このレベルの「聞こえている」を換言すれば、「聞くことを聞いている」ような状態と言えるだろう。

この状態は、感覚の作用として受動態である。聴覚は視覚などと比較して極めて受動的だが、この性質を全開にするわけだ。

したがって、こうなった時には、眼は見開いていて、すべてが見えてはいるが、もう何も見ていない。特定の「見る対象」はない。

これがある程度できたら、第三段階として、聴覚で起きている受動的な感覚状態を、身体全部に拡大する。聴覚から意識を身体に振り替え、さらに身体内部にまで引き込んで、結果として、身体全体を内側から感じる、あるいは感じられるようにするのだ。

皮膚の表面（というよりも身体内外の境界）にも何かが感じられるだろうし、内臓も動いている。そうした感覚を、これまた、それが何であるかを判断することなく、ただ徹底的に感受するわけである。つまり、私の行う坐禅は、「精神集中」ではなく「感覚開放」なのだ。

この行為は「観察」ではない。「観察」は「観察結果」を言語化できる行為で、そこには自意識が働いている。私が言っているのは、この類の「観察」やヴィパッサナー瞑想が言う「ラベリング」のような、能動的な意識作用ではなく、「ただ感受する」とでも言う、ギリギリ受動的な意識状態である。

この状態がある程度持続すると、身体がまるごと感覚の束、あるいは塊のように感じられてくる。あらゆる感覚が入り交じりながら点滅しているような印象である。問題は次で、この「感覚の束」を呼吸に預けるというか、乗せる・同調させるのだ。

そうは言っても、これは意志的にすることは困難で、実際には乗る・同調するのを待つのである。もし乗ると、この感覚の束には、呼吸のつくるリズムが発生する。すると、感覚の束は、一定のリズムを持つ「波動」になるだろう。

この「波動」状態が生まれると、私の場合かなりの確率で、突然「ガクッ」というか「ドン」という感じで、ある衝撃とともに、いきなり体の重心が底抜けするように落ちる。と同時に、仕切りがはずれるがごとく、感覚が膨張して「外」に溢れだし、身体内外の区別が消失してしまう（これは無我夢中的恍惚状態ではない。きわめて明瞭な、冴えきった感覚体験である）。

ここではもはや「私である」ことの意味は解体され、自意識は融解してしまう。この状態は人によっては強烈な快感になるので、これに執着して中毒になる危険もある（いわゆる「禅病」「魔境」）。

この「融解」状態は、必ずしも「波動」状態の最後に発生するとは限らず、もっと手前の段階で起きることもある。この方法で繰り返して実践していると、早く現れやすくなるが、そのことに特別の意味はない。

あと、「感覚の束」が呼吸になかなか乗らないとき、人為的に乗せる方法がある（成功する確率は低い。「人為」の能動性が、それまで維持されていた受動状態を破るから）。それは、すでに腹式呼吸をしている下腹を意識的にゆっくり膨らませて息を吸い、次に下腹を徐々に絞るようにして息を吐く、これを数回繰り返すことだ。この呼吸を最初は大きめに、次第に小さくしていく。すると、乗らなかった「束」が乗ってくることがある。

「只管打坐」としての坐禅

私がここにご紹介した方法を使って坐禅をする目的は、一つだけである。要は、人間の自意識は、特定の身体技法で解体することができると、体験的に実証することなのだ。それはすなわち、我々の自意識は、一定条件における行為様式から構成され仮設されている、暫定的な事態だと認識することである。

繰り返すが、この「波動」状態や「融解」現象は、「悟り」でも「涅槃」でも「見性《けんしょう》」でもない。ましてや「本来の自己」ではさらさらない。そう語ることは語り手の自由だが、私はナンセンスだと思う。

ちなみに、「波動」「融解」のような意識の変性状態では、時として特異な感覚が体験できる場合があるが（意識が体を抜けるような感じ、あるいは下腹に熱源が生まれて何かが上昇してくる感じ）、これも「悟り」と同じで、どう意味づけ、どう語り出すのかは人の勝手だが、それ自体に意味はない。ただ、そうなるというだけのことである。

「非思量」の坐禅は、確かにある種の感覚野、あるいは現象領域を開くが、それは断じて「悟り」でも「涅槃」でもない。テクニカルに作り出した心身状態に過ぎない。こういう身体技法を使うと、こういう状態になるというだけである。

「自己」だの「対象」だのは、言うなればこの感覚野あるいは現象領域を土台に、言語が仮設した構成物に過ぎない。「非思量」はそのことを明らかにする方法なのだ。この実存の土台を露わにすることを、「只管打坐《しかんたざ》」というのである。

そして、この土台の上に、あらためてどのような「自己」と「対象」世界を構成していくかが、修行として問われていくのである。

初期経典の「八正道」

仏教の代表的な実践として、まず挙げられるのは、初期経典に見られる「八正道」である。これは「四諦」の「道諦」を具体的に展開したものと言えよう。

それら八つとは、「正見《しょうけん》（正しい見解）」「正思惟《しょうしゆい》（正しい思考）」「正語《しょうご》（正しい言葉）」「正《しょう》業《ごう》（正しい行動）」「正命《しょうみょう》（正しい生活）」「正精進《しょうしょうじん》（正しい努力）」「正念《しょうねん》（正しい気づかい）」「正《しょう》定《じょう》（正しい禅定）」である。

この八つは、単に並列しているのではなく、連鎖していると説く経典もある（『原始仏典Ⅱ』「相応部経典第五巻」三頁　春秋社）。

すなわち、無明を払拭した正しい知識から「正見」が生まれ、それから「正思惟」が生じ、次々に連鎖して、最後の「正定」に至るのである。

このうち、「正見」は「四諦」についての正しい見方を言う（同前書　一二頁）。「正思惟」は欲を離れ、悪意を持たず、生き物を害さないことについての正しい思惟だとされる。

「正語」は虚偽でなく、他者を誹謗中傷しない、粗暴でなく、飾り立てられ誇張されたものではない発言のことである。

「正業」は、戒律に従う行動と考えればよい。

「正命」も、実質的には、僧団のルールに則った生活と言えよう。

「正精進」とは、後に「四精勤《ししょうごん》」と呼ばれるもので、すでに生じた悪を除くように勤める、まだ生じない悪を起こさないように勤める、まだ生じない善を起こすように勤める、すでに生じた善を促進するように勤めることである。

「正念」は、後に「四念住《しねんじゅう》」と整理されるもので、身体について、感受作用について、心について、諸々の事象（ダルマ）について、それらがどのようにあるのか、正しく観察し配慮することである。

「正定」は、後の「四禅」に体系化され、さらに「九次第定」に発展する。

第一段階の禅定では、欲望と不善の行いから離脱しているが、まだ観察や思考を伴い、離脱の喜びや楽しみがある。第二段階は、観察と思考が止み、静まった内面から生じる喜びや楽しみが残る。第三段階は、喜びが止み、正念と正身《しょうしん》を得て、そこから生じる楽しみが残る。第四禅は、楽しみが止み、苦楽や憂いや悦《よろこ》びが無くなり、一切の感覚が消滅する状態に入る。
これに対して、後の大乗仏教の最も有名な実践体系は、「六波羅蜜」と言われる。

大乗の「六波羅蜜」

般若経典に出る六つに整理された実践を「六波羅蜜」と言う。「波羅蜜」は漢語で「到彼岸（彼岸は「悟りの世界」の意味）」と訳されるが、和訳では「完成」とされる（『大乗仏典2 八千頌般若経Ⅰ』一三七頁 中公文庫）。

「六波羅蜜」は以下のとおりである。「布施波羅蜜」「持戒波羅蜜」「忍辱《にんにく》波羅蜜」「精進波羅蜜」「禅定波羅蜜」「般若波羅蜜」。

「布施波羅蜜」は分け与えること、施与する行為である。
「持戒波羅蜜」は戒律の護持。
「忍辱波羅蜜」は忍耐すること。
「精進波羅蜜」は努力すること。
「禅定波羅蜜」は瞑想や禅定の修行。
「般若波羅蜜」は悟りの智慧の完成。大乗仏教の場合は、主に「空《くう》」の完全な認識である。
このとき、「八正道」と「六波羅蜜」を対応させてみれば、「正見」「正思惟」は「般若波羅蜜」に相当し、「正語」「正業」「正命」は「持戒波羅蜜」に対応するだろう。「正精進」は「忍辱波羅蜜」「精進波羅蜜」の両方にかかり、「正念」「正定」は「禅定波羅蜜」に当たると言えよう。「布施波羅蜜」には、特に対応する八正道の項目がない。ブッダの初期教団、あるいは上座部では、僧侶が行う布施は想定されないのだろう。

実践を可能にする思想

以上、経典の記述を紹介したが、両者に共通する注目すべきアイデアがある。「八正道」においては、無明を克服した正しい認識に導かれて「正見」が生じ、以下七つは前項から連鎖的に生じることになっているのだが、これが「六波羅蜜」になると、「般若波羅蜜」の実践が他の五つの波羅蜜に先立つと主張されている(同前)。

仮に修行して悟ると言うなら、この話は逆で、「八正道」によって無明を打破し、正しい認識に達するのだろうし、五波羅蜜を修行した結果、智慧の完成(般若波羅蜜)に到ると考えるほうが自然であろう。

しかし、経典はそうは言っていない。なるほど考えてみれば、仏教の本格的な実践はゴータマ・シッダッタ青年が坐禅して悟ったところから始まっている。とすれば、「悟り」の智慧を先行させることは理に適《かな》う話だろう。

そこで、「悟り」を「無明の発見」と定義した本書の立場から、改めて「八正道」「六波羅蜜」に述べられる実践の意味を検討してみよう。すなわち、無我・無常・縁起の観点から考え直そうというわけだ。

私的所有を超えて～「布施波羅蜜」

「布施」の原意は、在家信者が出家僧侶に食料などの生活物資を寄付することである。後代になると、僧侶に対してのみならず、在家信者間での財物や恩恵の施与までも布施に含まれるようになる（無財の七施）。

するとこれは、持てる者が持たざる者に施す、慈善行為やチャリティー同然に考えられるであろう。ならば、これは私的所有という制度を前提とした行為になる。

このとき、私的所有が無明の産物、すなわち自己と他者の実体視的錯覚に基づくとするなら、布施も、それとは違った観点から、再定義されるべきであろう。

このとき、『正法眼蔵』「菩提薩埵《ぼだいさつた》四摂法《ししょうぼう》」（道元禅師の真作かどうかについては疑義が残る）に出る布施の説示は極めて興味深い。そこにはこうある。

　その布施というは不貪《ふとん》なり。不貪というはむさぼらざるなり。むさぼらずというは、よのなかにいうへつらわざるなり。（『正法眼蔵（四）』四一九頁　岩波文庫）

他人に財物等を施与しようとするのだから、それが強欲や貪《むさぼ》りの否定になるのは見やすい道理である。ところが、その貪らないということが、実は諂《へつら》わないことだと言う。諂うとは、他人に気に入られるように振る舞うこと、立場が上の人から好意を得ようとして機嫌を取ることと言えよう。それは要するに、「他者から課された自己」という実存の無常を埋め合わせ、あたかも実体として存在するかのように見做《みな》すために、他者の強く持続的な承認を欲望する行為なのだ。

つまり、この一節が提起する布施の解釈は、明らかに無明を観点としている。続いて、

　たとい四洲を統領すれども、正道の教化をほどこすには、かならず不貪なるのみな

り。たとえば、すつるたからをしらぬ人にほどこさんがごとし。（同前）

ざっと現代語にしてみる。

たとえ転輪聖王《てんりんじょうおう》が全世界を統治するほどの力量があるにしても、正しい生き方を衆生に説くには、何といっても貪らないことが必要である。それはたとえば、捨てるつもりの宝を見ず知らずの人に施与するようなものだ。

驚くべきは、貪らない行為の意味を、捨てようと思うような、所有者にとって無価値な物を見ず知らずの者に与えることだ、と言っている点である。これでは、私的所有を前提とするチャリティーにならない。所有に値するものを、特定の他者に施与するからチャリティーなのに。

ここで説く布施が、実は、自己の実体性を錯覚させる私的所有を批判する教示であることは、次の言葉でわかる。

我物にあらざれども、布施をさえざる道理あり。そのもののかろきをきらわず、その功の実なるべきなり。道を道にまかするとき、得道す。得道のときは、道かならず

道にまかせられゆくなり。財のたからにまかせらるるとき、財かならず布施となるなり。（同前書　四二〇頁）

ここで、布施のアイデアは決定的に転換する。

自分の物でなくても、布施の実践を妨げない道理がある。布施する物に大した価値が無くても気にすることはない。その物が、布施によって確実に活用されるべきなのである。仏道は仏道のままに修行されたとき、体得できるのだ。仏道を体得するとき、仏道はかならず仏道にまかされて（仏道のままに）修行されるのである。財物が財物として活かされるときは、その財物は布施されるものとなる。

ここで言う布施は、物の所有者が誰であり、受け取るのが誰であるかなど、問題ではないのだ。大事なのは、ある物がどこにあればその存在は最も活かされるのか、ということなのである。財を財に任せるとはその意味で、その実現が布施なのだ。それは仏道を仏道どおりに修行することと同じであり、それができれば、すでにそれが仏道の完成だと言うのである。

つまり、飢えた人に食物を施すことが尊いのは、施す人の厚意ゆえ（それはチャリティー）ではなく、その食物が誰よりも飢えた人においてこそ、存在効果を最大に発揮し、価値を全うするからである。

物の帰属を私的所有で決めるのではなく、物をめぐる社会的諸関係において、それが存在することの意味と価値を最大限に充実させ得る次元に、その物を帰属させようというのである。同時にこのとき、布施する自己は自己として最も充実し、布施される他者も他者として十全に現前する。

これは、昨今の経済格差の問題に多くの示唆を与える。その格差はどこまで容認されるべきなのか。

たとえば、富豪の宴席にある食べ残しのリンゴを一つ、飢えた子どもが無断で持ち去れば、私的所有を前提とするなら、完全に「窃盗」であり、犯罪だろう。断罪されてしかるべきであろう。

しかし、この断罪は無条件に正しいか。私的所有の前提を外し、物はその存在を全うするために、置かれるべきところに置かれるべきである。こういう布施の考えを前提にするなら、物の帰属の別の仕方、別の「経済」の可能性が見えるに違いない。

言語を解毒する〜「正見」「正思惟」「般若波羅蜜」

「正見」が四諦についての正しい見解だとするなら、話の核心は、我々の実存はそれ自体が「苦」であるという認識である。その原因は言語機能がもたらす物事の実体視であり、これが無明の意味だ。以上は、すでに四諦の解説で述べた。

それに基づいて「正思惟」があるなら、言うところの欲望と悪意と害意を克服する正しい思考とは、もはや個々の欲望や悪意を潰していくことではなく、それらを持つ主体の非実体性を体解《たいげ》（身体的実感としての理解。「身につける」こと）する思考であろう。そのような主体の解体が、帰属先を失った欲望を蒸発させ（たとえば坐禅状態で興奮することはまずできない）、悪意や害意を無意味化する。

悪意や害意は、誰かが誰かに対して持つのであり、自他の存在をそれぞれ実体視した、二元的関係性においてしか成り立たない。その一方を解体してしまえば、二元構造は破綻して、悪意や害意は機能しない。

比較的持続的な悪意も、自分の側のある種の思い込みに基づくことがほとんどで、それを成立させている条件が無くなれば、「憑《つ》き物が落ちたように」雲散霧消するのである。

逆に、自分の害意が強固に持続したとしても、その相手が急逝したり、大きな困難に陥ったり、あるいは相手が自身の誤解に気づいて和解を申し出てくれば、害意自体が無意味になる。

そのような実存の状況における、「他者に課された自己」という構造の体解と再構築（つまり、悟りと修行）は、常に悪意と害意の無意味さを実感する過程でもある。

「般若波羅蜜」が、無常・無我・縁起・空の認識を完成することだとすれば、まさに「正見」と「正思惟」を必須として、その完成は果たされる。

「善意」と「正義」と「真理」の批判～「正語」「正業」「正命」「持戒波羅蜜」

「正語」について、虚偽を言うことは、重罪として戒律にもあるが、悪口や粗暴な言葉を言わないようにすべきことを、特に初期経典は繰り返し説いている。その一つには、精霊がブッダについてこう言う一節がある。

かれは嘘をつかない。また粗暴なことばを発しない。また中傷の悪口を言わない。くだらぬおしゃべりを言わない。（『ブッダのことば』三九頁　岩波文庫）

「嘘」についてはすでに検討したので、ここでは怒りと憎悪の機能に注目する。なぜなら、怒りと憎悪こそ、暴言と中傷の出所だからである。

たとえば「怒り」は、「欲望（貪り）」や「無明」と共に「三毒」と称されてきた。漢語では「貪瞋癡《とんじんち》」と言う。これに相当する初期経典の一節がある。

情欲にひとしい火は存在しない。不利な骰《さい》の目を投げたとしても、怒りにひとしい不運は存在しない。迷妄にひとしい網は存在しない。妄執にひとしい河は存在しない。（『ブッダの真理のことば・感興のことば』四五頁　岩波文庫）

迷妄と妄執はまさに無明の作用である。

怒りと憎悪が問題なのは、怒りは自分の考えが正しいという確信を前提にしていることであり、憎悪は自分の欲望や立場が正当であると信じて疑わないからである。すなわち、自分の思いと考えに「正義」と「真理」があると考えない限り、人間は怒ったり憎んだりできない。

しかしながら、無条件・無限定の、それ自体に絶対的な根拠を持つ「正義」や「真理」

などは幻想に過ぎない。それが無常と無我の立場である。「正義」はある。しかし、時と場合で通用するだけだ。「真理」はある。ただし、一つではない。常に複数あるのだ。

「正業」が戒律に則った行動を、「正命」が僧団の規矩《きく》に従う生活を意味するなら、まさにそれは虚偽と怒りと憎悪を超克した行動であり生活と言えよう。

「持戒波羅蜜」は、このような具体的な行動様式を、自己の再構築（＝修行）のための基軸にすることを求めているのである。

行為が存在を規定する～「正精進」「忍辱波羅蜜」「精進波羅蜜」

仏教で精進や忍耐を強調するのは、「修行がつらい」からではない。ただつらいなら苦行と変わらず、ブッダが早々に捨てた行いである。そうではなくて、彼がそもそもの最初から、我々の実存をまるごと「苦」と見ているからである。これを超克する努力が、簡単なはずがない。

「自己」の実存構造には、他者から課せられて自己たりえるという、根源的な矛盾がある。これを、自己が他者に向けて自分を開き、「課せられた」構造を「迎え入れる」構造へ転換し、最終的に構造自体を解消（ニルヴァーナ）しなければならない。

なぜなら、我々が言語内実存であり、意識的実存である限り、自己の在り方が他者との関係で決まる実存様式は変わらず、「迎え入れる」構造に転換したところで、その矛盾は完全に解消しないからである。

最終解決は、この実存様式自体の解消、すなわち「死」しかない。そういう死に方を「ニルヴァーナ」と呼ぶのである。これはいわば、自己を放棄するために自己であり続けるという、法外な実践を維持することなのであり、常識外れの努力が要求されるであろう。

したがって、「正精進」において目的として解説される「善」とは、そのような自己の実存転換を、繰り返し決意し実行し続けることである。

「六波羅蜜」では、「精進波羅蜜」の前に「忍辱波羅蜜」があるのはなぜか。

「忍辱」とは他人から非難・罵倒され、さらに侮辱や迫害を受けても、怒ることも報復することもなく、忍受することである。単純な忍耐を言うのではない。

若《も》し菩薩・摩訶薩《まかさつ》にして、後の悪世において、この経を説かんと欲せば、当《まさ》に四法に安住すべし。

一には菩薩の行処《ぎょうしょ》と親近処《しんごんしょ》とに安住して、能《よ》く衆生のために、この経を演説すべし。文殊師利《もんじゅしり》よ、云何《いか》なるを、菩薩・摩訶薩の行処と名づくるや。若し菩薩・摩訶薩にして、忍辱の地に住し、柔和善順にして卒暴ならず、心も亦《また》、驚かず、又復《またま》た、法において、行ずる所なくして、しかも諸法は如実の相なりと観じて、亦、行ぜず、分別もせざれば、これを菩薩・摩訶薩の行処と名づくるなり。(『法華経(中)』二四二、二四四頁　岩波文庫)

この経典で言う「後の悪世」とは、修行者が迫害に曝《さら》される時代のことである。そうなるには必然性があるのだ。

仏教は「ありのまま」の人間の在り方を肯定しない。仏教の核心にヒューマニズムはない。したがって、結局、我々を安心させない。

この根本的な態度は、在家一般の生活態度に背反する。「出世間」とは、そういうことである。自死とはまるで違う意味で、自ら「自己」を解消するなどという営為は、世間の「常識」とはまるで相容《あいい》れない。

引用文のある『法華経』が在家信者の意味と役割を強く意識するにしても、仏教教団は最初期から原理的・潜在的に世間に対して緊張関係にある。

そして、歴史上、そのような緊張の極に、迫害（中国の「破仏」、日本の「法難」「廃仏毀釈《はいぶつきしゃく》」）が実際に起こったのであり、ここに忍辱が実践として要請される所以もあるのである。

無明の発見〜「正念」「正定」「禅定波羅蜜」

坐禅の意味と実践法についてはすでに述べた。ここでは、「正念」との関係に関説する。

「正念」とは、「四念住《しねんじゅう》」と呼ばれる瞑想のことである。実践としては、身体、感受作用、心、存在するもの・事象（ダルマ）、これら四つを観察し配慮することであり、刻々と変化する現象に意識を集中し、一瞬ごとにその在り方を自覚するような修行を言う。現在の上座部僧侶の言う、ヴィパッサナー瞑想の原型である。

ちなみに上座部では、瞑想をサマタ瞑想とヴィパッサナー瞑想に分け、前者を精神集中、後者を智慧による洞察と考え、サマタ瞑想の後にヴィパッサナー瞑想を行うという段階を設ける場合がある。その上で、流派によっては、前者に対して後者の持つ高度な意義を賞揚する。

私の場合は文脈が逆である。只管打坐への導入部として、四念住を部分的に使う。特に身体と感受作用へ意識を振り向け、その集中によって、「感じる―感じられる」の二元構造を融解して、非思量の坐禅に持ち込むのである。

この坐禅による言語機能・自意識の解体を実証し、それらと身体行為の関係を見極める。それは、縁起することで生成される実存を、言語機能が実体として錯視するという、「苦」の根源である無明を自覚させる。

このとき、「禅定波羅蜜」は、坐禅こそが仏教のすべての思想と実践の基盤となる営為であることを、強く主張する言葉として解釈すべきであろう。

第一〇章　途上にある者

ここまで、仏教の思想と実践について文字通り管見を披露してきたが、最後に本章で総括しておきたい。

縁起的実存と主体の生成

本書の思想篇で私は、「悟り」と「解脱」「(有余)涅槃」について、ゴータマ・ブッダが確たることを述べていない以上、各自が推定する他はないという立場から、「無明の発見」と定義した。それは事物・現象についての実体視的錯誤が、言語の機能と作用から起こるとするアイデアである。

これを坐禅のような身体技法で自覚・解体し、我々と世界の実存が、行為を実質的な媒介とする諸関係から生成されるのだと考え、「縁起」の定義とした。

これを受けて実践篇では、無明の自覚を土台に、実存の縁起的な生成を、死と他者への開けとして検討してみた。戒律や「八正道」「六波羅蜜」などの実践は、この開けに方向づけられる。

したがって、仏教者は開けへの実践の主体として、再編成されなければならない。これが出家受戒であり一連の修行である。

以上を要約すれば、「縁起的実存の自覚における主体の再編成」となる。私は、これが仏教の思想と実践が目的とするところだと考える。

ということは、究極の目標である完全なニルヴァーナが不可知であり、現象としてはブッダの「死」としてしか認識できないのだから、現実に我々仏教において可能なのは、ニルヴァーナに向かって自覚と再編成を反復し続ける以外にない。つまり、我々は仏道において途上にある者でしかありようがないのである。

私は、そのような途上にある者の生き方を、次のような道元禅師の言葉に見る（『正法眼蔵（二）』「渓声山色」一二四―一二五頁　岩波文庫）。

又、心《しん》も肉も、懈怠《けだい》にもあり、不信にもあらんには、誠心《じょうしん》をもはらして、前仏《ぜんぶつ》に懺《さん》悔《げ》すべし。恁麼《いんも》するとき、前仏懺悔の功徳力《くどくりき》、われをすくいて清浄《しょうじょう》ならしむ。この功徳、よく無礙《むげ》の浄信・精進を生長せしむるなり。浄信一現するとき、自他おなじく転ぜらるるなり。その利益《りやく》、あまねく情・非情にこうぶらしむ。

修行をしていれば、精神的にも身体的にも、疲弊して怠慢となり、仏道を信じる気持ちが萎《な》えるときもあるだろう。そんなときには、釈迦牟尼如来に懺悔すべきである。それができれば、懺悔の功徳が我々を救い、そのような気持ちに汚染された身心を清浄にしてくれるだろう。さらに懺悔の功徳は、よく無限の清浄な信心と修行を成長させていくのだ。

このような清浄な信心が一度起これば、その信心は自らを変え、かかわる他者も変えていく。その利益は、衆生や事物の在り方にも及ぶ。

ここで禅師は、「懺悔《さんげ》」を戒律違反に対する罪の告白という、通常の意味に解釈していない。そうではなくて、発心、つまり修行する意志の後退を自省することだと言うのである。すなわち、途上にある者が歩みを怠ることへの反省と自戒なのだ。それが修行者には必須なのだ。

その大旨は、

願《ねがわく》はわれたとい過去の悪業《あくごう》おおくかさなりて、障道《しょうどう》の因縁ありとも、仏道によりて得道せりし諸仏諸祖、われをあわれみて、業累《ごうるい》を解脱せしめ、学道さわりなからしめ、その功徳法門、あまねく無尽法界に充満弥綸《じゅうまんみりん》せらんあわれみをわれに分布すべし。

仏祖の往昔《おうしゃく》は吾等なり、吾等が当来は仏祖ならん。仏祖を仰観《こうかん》すれば一仏祖なり、発心を観想するにも一発心なるべし。あわれみを七通八達せんに、得便宜《とくびんぎ》なり、落便宜《らくびんぎ》なり。（同前書　一二五頁）

この懺悔を修行者が行う趣旨は、次の通りである。

願わくは、私が過去に多くの悪業を重ね、その結果として、おのれの仏道修行が妨げられているとしても、どうか仏道を成仏した多くの如来や祖師方よ、このような自分に慈悲を及ぼし、積み重なった悪業から解脱させて下さり、仏道を学び続けることに障害が無いように配慮していただきたい。如来の施す功徳と教えが、あまねく無限の世界に満ち溢れていく、その偉大な慈悲を私にも分け与えられんことを。

如来も祖師方も、その昔は我々と同じ凡夫であったのならば、我ら凡夫も未来の如来であり祖師でもありえよう。如来と祖師方を仰ぎ見れば、それはみな同じ如来であり祖師なのだ。そして起こすところの菩提心も、みな同じ一つの菩提心だろう。だからこそ、如来の慈悲をあまねく行き渡らせるならば、それが我々に仏法を会得させる方便となり、さらに教えが腑に落ちる方便となろう。

まさに、この懺悔は修行者が発心と修行と悟りを繰り返し、涅槃に向けて歩み続けることを決意する行為なのである。

このゆえに龍牙《りゆうげ》のいわく、

昔生《しやくしよう》未了《みりよう》今須了《こんしゆりよう》、
此生度取累生身《ししようどしゆるいしようしん》。
古仏《こぶつ》未悟《みご》同今者《どうこんしや》、
悟了《ごりよう》今人即古人《こんじんそくこじん》。

《昔生に未だ了ぜずは今須《すべか》らく了《りよう》ずべし、
此生に累生身を度取す。
古仏も未悟なれば今者に同じ、
悟了せば今人即ち古人なり》

しずかにこの因縁を参究すべし、これ証仏の承当《じようとう》なり。かくのごとく懺悔すれば、かならず仏祖の冥助《みようじよ》あるなり。心念身儀発露《ほつろ》白仏《びやくぶつ》すべし、発露のちから罪根をして銷殞《しよういん》せしむるなり。これ一色《いつしき》の正修行なり、正信心なり、正信身なり。(同前書　二二五—二二六頁)

だから、龍牙居遁禅師はその偈《げ》で言うのである。

先の世で未だ悟り終わらないならば、今まさに悟るべきである。

この世において、生まれ変わり死に変わりする我が身を解脱させよ。

過去の如来も悟らないうちはこの世の凡夫と同じであり、悟るならば、今の我々も過去の如来に等しい。

心を静め、この偈の意味を極めよ。それこそが、凡夫が成仏できることの証明を、まさに今の我々が継承することなのだ。

こう懺悔すれば、必ず如来と祖師方が見えない力で助けて下さる。だから、心の思い、身の振る舞いのすべてを賭けて、釈迦如来にすべて懺悔せよ。この懺悔の力が修行を後退させる罪の根源を消去する。これこそ、まさしく修行のすべて、仏法を信じる心のすべて、信じて修行することのすべてである。

つまり、禅師に言わせれば、修行者の「信じる」行為とは、目的や終極がわからぬまま、如来と祖師の先蹤《せんしょう》を頼りに、彼らの道に賭けることである。修行者、すなわち途上にある者は、そのようにしかあり得ないのだ。

だとすれば、路上の歩みこそが悟りであり、歩み続ける姿をブッダと呼ぶのだと、道元禅師は言うだろう。私はそう思う。

おわりに

平成の終わりの年、私は還暦を迎えた。無論ただの偶然だが、平成に入って三〇代から文章を公にし始め、本書を平成最後の師走に脱稿し、令和の始まりで擱筆《かくひつ》と相成り、それが自身の還暦の時期に重なったとなると、個人的に多少の感慨は禁じ難い。

本書の冒頭で述べた通り、私は本書をもって、自分がこれまで仏教について考えてきたことを、たとえ概略にしても、まとめて読めるようにしたかった。

それもこれも、この先自身に残された時間とスタミナを考えると、さらにものを考え続けるなら、ここで一度、足元を見直す必要があると思ったからである。

このわがままが読者に赦されることを期待するのは、実際僭越な話に違いないが、何卒、意のあるところをご理解いただけるようにと、今は願うばかりである。

上梓にあたり、今回も講談社の山崎比呂志氏に万般お世話になった。氏とは、私が本を書くようになったそもそもの始まりからのお付き合いである。ここに本書のみならず、長年のご尽力にも深く感謝を捧げたい。

令和元年　恐山大祭の日に

南　直哉

講談社現代新書　2532
仏《ぶっ》教《きょう》入《にゅう》門《もん》
二〇一九年七月二〇日第一刷発行　二〇二五年一月七日第二刷発行
著者　南《みなみ》　直《じき》哉《さい》

発行者　篠木和久
発行所　株式会社講談社
東京都文京区音羽二丁目一二―二一　郵便番号一一二―八〇〇一
電話　〇三―五三九五―三五二一　編集（現代新書）
〇三―五三九五―五八一七　販売
〇三―五三九五―三六一五　業務
装幀者　中島英樹
印刷所　株式会社ＫＰＳプロダクツ
製本所　株式会社ＫＰＳプロダクツ
定価はカバーに表示してあります　Printed in Japan

N.D.C.180　205p　18cm
ISBN978-4-06-516471-6

「講談社現代新書」の刊行にあたって

教養は万人が身をもって養い創造すべきものであって、一部の専門家の占有物として、ただ一方的に人々の手もとに配布され伝達されうるものではありません。

しかし、不幸にしてわが国の現状では、教養の重要な養いとなるべき書物は、ほとんど講壇からの天下りや単なる解説に終始し、知識技術を真剣に希求する青少年・学生・一般民衆の根本的な疑問や興味は、けっして十分に答えられ、解きほぐされ、手引きされることがありません。万人の内奥から発した真正の教養への芽ばえが、こうして放置され、むなしく滅びさる運命にゆだねられているのです。

このことは、中・高校だけで教育をおわる人々の成長をはばんでいるだけでなく、大学に進んだり、インテリと目されたりする人々の精神力の健康さえもむしばみ、わが国の文化の実質をまことに脆弱なものにしています。単なる博識以上の根強い思索力・判断力、および確かな技術にささえられた教養を必要とする日本の将来にとって、これは真剣に憂慮されなければならない事態であるといわなければなりません。

わたしたちの「講談社現代新書」は、この事態の克服を意図して計画されたものです。これによってわたしたちは、講壇からの天下りでもなく、単なる解説書でもない、もっぱら万人の魂に生ずる初発的かつ根本的な問題をとらえ、掘り起こし、手引きし、しかも最新の知識への展望を万人に確立させる書物を、新しく世の中に送り出したいと念願しています。

わたしたちは、創業以来民衆を対象とする啓蒙の仕事に専心してきた講談社にとって、これこそもっともふさわしい課題であり、伝統ある出版社としての義務でもあると考えているのです。

一九六四年四月　野間省一